AF368648

L'HERMITE

DE LA

CHAUSSÉE DU MAINE.

DE L'IMPRIMERIE DE J.-L. CHANSON,
RUE DES GRANDS-AUGUSTINS, N° 10.

Signalant ainsi quelques fous,
Puisse-t-il nous Corriger tous !

L'HERMITE

DE LA

CHAUSSÉE DU MAINE,

OU

ANECDOTES INÉDITES CONCERNANT DES HOMMES CÉLÈBRES ET DES ÉVÉNEMENS MÉMORABLES DE NOS JOURS.

De deux Hermites que nous sommes,
L'un peint les mœurs, l'autre les hommes.

SECONDE ÉDITION.

PARIS,

CHEZ ROUX, LIBRAIRE PALAIS-ROYAL,

GALERIES DE BOIS, Nᵒˢ 228 et 229.

1819.

A L'HERMITE

DE

LA CHAUSSÉE D'ANTIN.

Mon cher confrère en hermitage,
Dont la sagesse et le courage,
En poursuivant de vieux enfans,
Nous font tant rire à nos dépens,
Je t'ai dédié mon ouvrage ;
Mais l'intérêt, dans tous les tems,
A seul inspiré cet hommage.
De nos aïeux petits et grands,
Auteurs en prose, auteurs rimans,
Tu tiens encor tout l'héritage.
Sois juste ; pour ce grain d'encens,
A ton Cadet donne en partage
Le superflu de tes talens !
De ton apui, mon cher confrère,
J'ai grand besoin dans cette affaire !
Figure-toi mon embarras !
En ce moment, j'ai sur les bras

Jean-Jacques, Mirabeau, Voltaire,
Raynal qui ne saurait se taire (1),
Et tant d'autres esprits si beaux,
Qui, dans mon recueil littéraire,
Viennent du fond de leurs tombeaux
Faire un assaut de jeux de mots.
Il est vrai, le nom de Delille
Ici me sera fort utile :
Je fus toujours de ses amis,
A sa table souvent admis,
Et, qui plus est, mis, sans jactance,
Dans son intime confidence.
Il ne sera donc point surpris
De me voir marcher à sa suite
Comme son fidèle acolyte :
Mais près de Boileau c'est Cotin.
Au fait, je suis bien dans la peine ;
Et, puisqu'il faut tout dire enfin,
Ce n'est que l'*Hermite d'Antin*
Qui peut sauver celui du Maine.

---

(1) M. l'Hermite, mon confrère, qui connait si bien tous les
auteurs, n'a point oublié, sans doute, que Raynal fut un des
écrivains les plus bavards du dernier siècle. J'ose espérer qu'il
le connaîtra dans les épigrammes qui concernent cet ex-jésuite.

PROLOGUE.

Un titre obscur, græco-latin,
Une mauvaise dédicace,
Des épigrammes à la glace,
Une table énorme, sans fin,
Un prologue et point de préface!
C'est pis qu'un sermon de Cotin,
Va dire un Tartuffe malin,
Qui, loin de juger mon ouvrage,
Craignant de s'y trouver en plein,
N'y daignera porter la main,
Que pour déchirer chaque page ;
Mais un courtisan plus humain,
Un magistrat jaloux de rire
Des sottises de ses égaux,
Et quelquefois de ses défauts,
Pour me juger, voudront me lire.

Je sais fort bien que ma satyre
Tant à des morts qu'à des vivans
Pourra causer quelques tourmens.
Oh ! si les morts pouvaient écrire !
Par quels articles virulens
Ou par de plus grands châtimens,
Comme ils puniraient mon audace !

Déja Laharpe me menace, (1)
Raynal marmotte entre ses dents; (2)
Mallebranche fait la grimace. (3)
De ses doigts toujours tâtonnans,
Diderot, grave maniaque,
Cherche à pincer mes vêtemens, (4)
Ou bien, changeant son plan d'attaque,
Il vient me jeter au menton
Et la perruque et l'amidon,
Que par hasard ou par malice
Il éparpilla sans façon,
Sur le front d'une impératrice. (5)

Rousseau, farouche original,
Voyant partout un fils peut-être
Qu'il ne voudrait point reconnaitre,
Pour moi demande un hôpital. (6)

Que vois-je? quel regard sinistre !
Jusques dans le fond des enfers
Le fier Calonne encor ministre ,
Va mettre un impôt sur mes vers. (7)
Beaujon me voit tout de travers. (8)

Falgar, ce prélat fanatique,
S'apprête un plaisir angélique
A me livrer à ces viguiers
Qui, dans le pré de Sept-Deniers,
En bénissant Saint Dominique,
Me brûleraient comme hérétique. (9)

Fox me poursuit tout en fureur,
Avec sa détestable odeur
Et son pari de vrai cynique.   (10)

Le bon Thomas, toujours rêveur,
Au lieu de punir ma critique
Par un éloge académique,
Vient d'appeler un procureur,
Pour me traîner en sacrifice
A l'autel de dame Justice,
Comme un vil calomniateur.   (11)

Mirabeau, ce fameux lutteur,
Jadis la fable d'un village,
Fait sur moi retomber la rage
Que dut lui causer son vainqueur. (12)

Mais sur le dos du pauvre Hermite,
Quel Goliath se précipite,
Suivi de chiens anglo-français,
Dogues, mâtins, bichons, barbets?
Où me cacher? c'est un Jésuite !   (13)

Contre la bourse des passans
Le vieux Darnaud en embuscade,
Ne reconnaît mes complimens
Que par une jérémiade.   (14)

Gobert me rend l'affreux couplet
Qui lui ravit le corps et l'ame.   (15)
Lebrun prépare une épigramme.   (16)
Cérutti cherche son stylet,   (17)
Gilbert son redoutable fouet,   (18)
Et Cailhava sa vieille lame !   (19)

A moi, Delille ! à mon secours !
Sauve mes fils ! sauve mes jours,
Comme, dans un péril extrême,
Jadis je te sauvai toi-même.   (20)
Si dans ces fruits de mes loisirs,
Tu reconnais tes souvenirs,   (21)
De ces morts que peut la vengeance ?

Mais un autre ennemi s'avance,
Bien plus terrible ; c'est Mondor
Dont j'ai dénoncé l'opulence,
Pour ne pas dire l'indigence :
Le malheureux ! il vit encor !

Ils vivent, qui pourrait le croire !
Ces procureurs, ces médecins,
Ces Circés d'affreuse mémoire,
Dont mes écrits, trop peu malins,
Ont trop peu signalé l'histoire.

Les voilà !... Sainte Vérité !
Je n'ai parlé que ton langage,
Daigne défendre ton ouvrage ;
Que des rieurs il soit fêté :
Je suis content de ce suffrage.

Il ne me reste qu'un desir ;
Puisse-t-il ce prétendu sage,
Cet Hermite fait à plaisir,
Dans son comique persifflage,
Signalant ainsi quelques fous,
Puisse-t-il nous corriger tous !

NOTES DU PROLOGUE.

(20) *Comme dans un péril extrême*
Jadis je te sauvai toi-même.

On peut voir dans une notice qui se trouve en tête du *Délilliana*, la manière dont l'Hermite du Maine eut le bonheur de prolonger la vie de M. Delille, au moment où le torrent de la révolution allait entraîner ce poëte.

(21) *Si dans ces fruits de mes loisirs*
Tu reconnais tes souvenirs.

J'ai recueilli une grande partie des anecdotes concernant les hommes célèbres de nos jours, dans mes fréquentes conversations avec M. Delille.

ÉPIGRAMMES

ANECDOTIQUES.

Les cinq Abbés, ou les cinq indigestions.

Soyons sobres, amis! des plaisirs de la table
    Craignons l'excès trop séduisant!
Sous un poison caché dans un mets agréable,
    Très-souvent la mort nous attend,
    Témoin l'exemple suivant :
    Dans leurs avares séminaires,
Cinq abbés, rarement de faisans régalés,
    En qualité de secrétaires
Par un ambassadeur près de Rome (1) appelés,
Eurent bientôt changé de mœurs, de caractères,
    Non d'appétit; abbés n'en manquent guères.
    A la table de monseigneur
Leur avide estomac fit d'abord tant d'honneur,
    . Que de leur intempérance
    La mort fut la récompense;

---

(1) A Albano.

Dieu sait s'ils mouraient de bon cœur,
Quittant une si bonne chère !
Un d'entr'eux cependant, plein de tardifs regrets,
Fit, dit-on, cet aveu sincère :
De mon ambition je reçois le salaire ;
Au lieu de tous ces mets qui flattaient mon palais,
Que n'ai-je préféré mon régime ordinaire
De haricots et de navets !

En 1804, M. A..., secrétaire d'ambassade, chargé des affaires de France à Rome, après la mort de M. *Gandolphe*, vit dans un caveau de l'église St.-Louis, où cet agent diplomatique fut enterré, cinq espèces de caisses, qui, lui dit-on, contenaient les corps de cinq jeunes abbés français, tous secrétaires du cardinal de *Bernis*, morts à Rome, de la même maladie, et peu de tems l'un après l'autre. A ces mots, le jeune secrétaire fut saisi d'un mouvement de frayeur involontaire, comme s'il eût à son tour tremblé pour lui-même.

Cependant, revenu de son effroi, il voulut connaître la maladie et le genre de mort de ces malheureux ; et voici le rapport que M. *Bernard*, secrétaire de son éminence, lui fit à ce sujet ;

(3)

Peu d'années avant la révolution , M. le
cardinal eut fantaisie d'employer à son secrétariat de jeunes abbés français , d'un talent distingué et de mœurs irréprochables.
Il s'adressa au supérieur du séminaire de
St.-Sulpice , à Paris , pour avoir un sujet
tel qu'il le desirait. Le supérieur lui envoya
un abbé qui réunissait toutes les qualités
requises pour cette place , un jeune Caton
d'une sobriété exemplaire ; mais à peine eût-il
fait quelques repas à la table de monseigneur,
qu'il oublia son ancienne abstinence , et
mourut d'une indigestion. Un second part du
séminaire pour le remplacer , se met à table,
imite son prédécesseur , et meurt d'une indigestion ; un troisième abbé ; plus robuste ,
plus aguerri, demande à réparer l'honneur
du corps , en remplaçant ses deux camarades ;
il part, se met à table, résiste quelques jours
à la tentation, y succombe enfin , et meurt
d'une indigestion.

Son éminence se plaignit amèrement à
M. le supérieur. « Quels gourmands, lui
écrivait-il, m'avez-vous envoyés » ! Elle
ne voulût plus de séminariste, et crut ne

pouvoir mieux faire , pour avoir des sujets accoutumés à la sobriété , que de s'adresser au principal de Ste.-Barbe. En effet , ce directeur lui envoya un saint abbé , aussi maigre , aussi sec que les haricots dont il faisait sa nourriture journalière. Ce malheureux barbiste eut à peine goûté quelques mets de la cuisine de son éminence , qu'il oublia ses haricots , ne put tenir contre sa friandise , et mourut d'une indigestion. Nouvelle demande du cardinal , nouvel envoi , même genre de mort.

Dès ce moment , M. le cardinal renonça au projet d'avoir pour secretaires de jeunes abbés français.

Cette épigramme , ainsi que la plupart de celles qui composent cet ouvrage , offre un sens moral très-facile à saisir : les excès de table sont si funestes , qu'ils causent quelquefois la mort. Heureux , dit le gastronome , celui qui peut bien digérer! mais cent fois plus heureux et plus sage celui qui ne s'expose point à une indigestion!

La disgrace de Calonne, ou la messe manquée.

Un beau jour des rameaux, ce génie infernal,
    Ce diable qui fait tant de mal
    Jeta Delille en la voiture
    D'une dame qui, d'aventure
    Sortant d'un confessional,
    Allait en hâte à Saint-Sulpice
    Ouïr la messe avec l'office,
    Puis remplir son devoir paschal :
    — Eh bien, mon cher abbé, dit-elle
    Les yeux baissés, quelle nouvelle ?
    — Rien de bon ; mais heureusement,
    En ce délicieux moment,
    Au ciel votre ame toute entière
Des grandeurs d'ici bas oubliant la poussière....
- Quoi donc? - Calonne... - Eh bien? - Il est disgracié.
— Disgracié! pardon, je n'ai rien oublié.
Mais dans ce même instant, telle fut sa tristesse,
    Qu'elle oublia jusqu'à la messe.

En 1787, le dimanche des Rameaux,
M. *Delille* fut invité à entrer dans la voiture
d'une dame fort attachée à M. de Calonne ;

elle s'était confessée la veille, et allait entendre la messe et communier à St.-Sulpice : « Qu'y a-t-il de nouveau, lui dit-elle ? — J'ai à vous annoncer une mauvaise nouvelle ; mais heureusement vous êtes au milieu des consolations célestes. — Quoi donc ? — M. de Calonne. — Eh bien ? — Est disgracié. »

Là finit cette anecdote que M. Delille m'a racontée l'année dernière, au sujet de la disgrace de ce ministre, sur laquelle je lui donnais des détails peu connus ; et, comme je lui demandais si la dame avait été à la messe, s'il l'avait accompagnée : « Vous êtes trop curieux, me dit-il en souriant ; je ne m'en souviens pas. »

Cette réponse de M. Delille est la même que celle du maréchal de Richelieu à Louis XV ; quand cet habile courtisan lui eut retracé dans une conversation fort agréable les beaux jours de son règne avant sa maladie à Metz, il se tut : « Continuez, lui dit le monarque. » — « Sire, j'ai perdu la mémoire. »

Delille et Grimm.

Aux Champs-Elyséens quand Delille parut,
Grimm près de lui le premier accourut :
« Soyez le bien venu ! sans aucune indulgence ,
Répondez-moi , dit-il ; en fait de nouveautés ,
    Dans ce moment , quels sont en France
    Les mensonges les plus vantés ? »
    Le poète sourit et garde le silence :
«Parlez! C'est...-Eh bien?-C'est... votre correspondance.»

Ceci peut passer dans une épigramme :
l'Hermite , qui en est l'auteur, se serait bien
gardé de s'expliquer par-tout ailleurs avec
cette franchise : quoique enseveli dans sa
solitude , il est assez instruit des égards qu'on
se doit en société , pour savoir que tout ce
qui est vrai n'est pas bon à dire. D'ailleurs il
ne peut se dissimuler que sa critique ou son
suffrage ne sauraient aucunement influer sur
un ouvrage dont le succès est assuré , quel
qu'en soit le motif.

Où se trouve le bonheur.

La Condamine, en ses voyages,
Goûta, dit-il, huit jours heureux.
Où pouvait-il se trouver mieux?
Il habitait chez des sauvages.

L'idée de cette épigramme a été puisée dans le discours de réception de M. Delille à l'académie française. En parlant de M. de la Condamine, son prédécesseur, il dit : « Dans le cours de ses voyages pénibles, dont il a fait le tableau le plus intéressant, le lecteur se repose quelquefois agréablement avec lui. On s'arrête avec plaisir dans ce hameau composé de dix familles indiennes, où, en attendant un radeau, il passa huit jours heureux, sans avoir, dit-il, ni voleurs ni curieux à craindre : il était avec des sauvages. »

Ces mêmes Sauvages ont prouvé depuis, qu'ils ne valaient pas mieux que les hommes civilisés.

~~~~~~

Plainte de Jacques Delille.

QUELLE chûte depuis que j'ai perdu la vie !
    Moi qui vivais avec Turgot,
Au milieu des palais, en bonne compagnie ,
Où suis-je maintenant? Où? dans un entrepôt.

Réponse à cette Plainte.

DANS cet humble entrepôt d'un modeste libraire,
Du moins, au premier rang, Delille, on te révère,
Quand tout rappétissé dans de grands magasins,
Voltaire est écrasé sous le poids des bouquins.

Dans la première de ces épigrammes,
M. Delille se plaint qu'on ait publié le
Delilliana , qui vient de paraître à l'entrepôt de librairie tenu par Davi et Locard.
Quant à l'observation faite au sujet de Voltaire, elle n'est que trop vraie. C'est le sort
des grands écrivains, dont les ouvrages volumineux se trouvent partout.
~~~~~~

La leçon donnée par un cheval à l'académicien Thomas.

PENDANT l'automne de sa vie,
Et même au printems de ses jours,
Dans une douce rêverie,
Thomas coulait en paix les momens les plus courts ;
Très-souvent il rêvait en bonne compagnie ;
Il rêvait jusqu'en ses discours :
Tranchons le mot, Thomas rêvait presque toujours.
Dans un de ces momens qu'étranger à ce monde
Il demandait à son cheval
S'il se portait ou bien, ou mal,
En son illusion profonde
Il crut entendre l'animal
Fort sagement lui tenir ce langage :
« Je n'ai jamais connu de maux :
D'où m'est venu cet avantage ?
C'est que, de ma raison, j'ai toujours fait usage ;
C'est que, jaloux de mon repos,
Je n'ai jamais été, pour conserver ma tête,
Ni philosophe, ni poète. »

M. Delille m'avait parlé des fréquentesabsences d'esprit de son ancien maître, dont il ne prononçait le nom qu'avec respect ; mais c'est l'anecdote insérée le 7 septembre 1813, dans le Moniteur, au sujet de cet académicien, qui m'a inspiré le sujet de cette épigramme, et sur-tout les questions que M. Thomas faisait à son cheval. Cette communication de M. Delille est encore appuyée sur le témoignage de M. Hérault de Séchelles : « Je l'ai souvent rencontré dans les allées de Chantilly ou de Marly, dit-il dans une notice sur la vie de cet académicien ; il était assis le dos appuyé contre une charmille, travaillant à voix basse, la tête courbée, ayant entre ses doigts une prise de tabac qu'il portait continuellement à son nez, sans s'apercevoir que c'était toujours la même.... En sortant de sa chambre, il avait l'air agité, poursuivi par sa pensée ; en arrivant auprès de son cheval, il le caressait ; dans sa distraction, il lui demandait souvent comment il avait passé la nuit. »

Les thomistes m'en voudront peut-être d'avoir représenté cet orateur comme rêvant jusques dans ses discours, dont on ne saurait contester le mérite ; mais Horace n'a-t-on

pas dit du plus grand de tous les poëtes :
quandoque bonus dormitat ? Et qui oserait
nier qu'Homère n'ait pas mis plus de naturel
dans ses vers que notre académicien dans ses
éloges ?

Du reste, quelle que soit la leçon que
je fais donner par le cheval de Thomas,
elle ne doit s'adresser qu'aux philosophes
et aux poètes qui font un abus coupable
de leurs talens : sous ce rapport, elle ne
concerne qu'indirectement un poète-philo-
sophe recommandable par ses qualités per-
sonnelles et littéraires.

Le Rajeunissement agréable.

Félicitez-vous, Amaranthe,
Du plus heureux des changemens !
Vous paraissiez vieille à quinze ans,
Et vous êtes jeune à soixante.

~~~~~~

Caylus, ou la naissance sacrifiée au talent.

D'innombrables mortels ont perdu la science
    Au pied du mur d'un cabaret,
Quand, pour être lui-même, oubliant sa naissance,
    C'est là que Caylus la montrait.

Le comte de Caylus, l'un des savans du dernier siècle les plus distingués et les plus bienfaisans, eut une passion prononcée pour le dessin et pour la gravure. Un jour qu'il passait dans la rue du Coq-Saint-Honoré, il aperçut au haut d'une échelle une espèce de peintre qui s'efforçait de barbouiller sur les murs d'un cabaret un saint Antoine, et n'en pouvait jamais venir à bout. Caylus le regarde, s'impatiente et s'écrie : « Malheureux ! descends, et donne-moi ton pinceau. » Le peintre obéit ; le comte monte au haut de l'échelle ; avec un bel habit de soie noire, et, d'une main sûre, fait, en quelques minutes, le plus joli saint Antoine qu'il y eut dans la capitale.
~~~~~~

Comme il descendait, un académicien le reconnut, et, sans y songer, prononça hautement son nom. Aussitôt une foule considérable qui s'était rassemblée pour voir un seigneur, si bien costumé, dessinant une enseigne de marchand de vin, crie à l'unanimité et de toutes ses forces : « *bravo*, M. le comte de Caylus ! *bravo*, le bon seigneur ! » et tout le monde à courir après lui, en répétant les *bravo*, les *vivat*. Heureusement, à l'entrée du Louvre, il trouva la porte de d'Alembert ouverte, et se déroba chez lui.

Cette anecdote, absolument inconnue, est puisée dans les memoires *inédits* que le comte de Caylus a laissés sur sa vie relativement à la peinture ; elle fait connaître à fond le caractère de ce savant, dont la bienveillance s'étendit également et sur les arts, et sur tous ceux qui les cultivaient. Son immense correspondance est un modèle de franchise, de cordialité, et sur-tout de cette érudition, qui ne paraît émaner que du cœur.

~~~~~~

Le chevalier de Boufflers et Voltaire.

DEVANT Boufflers Voltaire envain cherchait,
Cherchait envain dans sa mémoire
Le nom du pauvre abbé Porquet,
Abbé cent fois moins beau qu'on ne pourrait le croire:
« Consolez-vous, lui dit Boufflers en souriant :
Petits bijoux se perdent aisément. »

Cette épigramme est tirée de la lettre suivante , que le chevalier de Boufflers écrivit à
sa mère, au château de Ferney :

« Enfin me voici chez le roi de Garbe ;
car , jusqu'à présent, j'ai voyagé comme sa
fiancée ; ce n'est qu'en le voyant que je me
suis reproché le tems que j'ai passé sans le
voir. Il m'a reçu comme votre fils , et il m'a
fait une partie des amitiés qu'il voudrait vous
faire. Il se souvient de vous comme s'il venait de vous voir , et il vous aime comme
s'il vous voyait; il m'a beaucoup parlé de
papa ; et , comme j'aime qu'on en parle , il
a beaucoup cherché dans sa mémoire l'abbé
~~~~~~

Porquet ; mais il n'a jamais pu le trouver. *Les petits bijoux sont sujets à se perdre.* »

Au sujet de ce même abbé, le chevalier de Boufflers disait dans une autre lettre : « Oh! pour le coup, me voilà au milieu des Alpes!.... Où est l'abbé Porquet ? que je place, lui et sa perruque, sur le sommet des Alpes, et que sa calotte devienne, pour la première fois de sa vie, le point le plus élevé de la terre. »

La sage Précaution des gens de loi.

Les gens de loi sont bons apôtres ;
Grâce à leur grimoire infernal,
De peur d'aller à l'hôpital,
Ils ont soin d'y mener les autres.

Cette épigramme est de tous les tems et de tous les pays civilisés. Les liasses des gens de loi sont le martyrologe des plaideurs.

Exécution de Bayle à Colmar.

On ! quel grand homme que *Muller !*
Écrit Voltaire ; on l'a vu cet hiver,
   Au milieu de Colmar, sur la place publique,
   Porter son Bayle , et, zélé catholique,
Pour échapper lui-même aux flammes de l'enfer,
    Brûler gaîment cet hérétique.

« Un avocat – général , nommé *Muller,* homme supérieur , porta, il y a quatre ans, son Bayle dans la place publique, et le brûla lui-même ; plusieurs génies du pays en firent autant. »

   Extrait d'une Lettre inédite de Voltaire à M. de Paulmy, en date du 20 février 1754, à Colmar.

Nota. Il est inutile d'observer qu'il ne faut point confondre cet avocat-général avec le célèbre *Muller* son contemporain, l'un des membres de l'académie de Pétersbourg, qui, comme Bayer, a savamment écrit sur l'origine des Russes.

Voltaire en contradiction avec lui-même.

> De cette histoire universelle
> Ecrite un peu trop sans façon,
> Voltaire est-il l'auteur ou non ?
> Si c'est à lui que j'en appelle,
> Le fait sera mal éclairci,
> Car il dit non, quand il dit oui.

Pour justifier cette épigramme, il suffit de jeter un coup d'œil sur tout ce que Voltaire a écrit pour et contre, concernant l'édition en deux volumes in-12, de l'abrégé de l'Histoire universelle, qui parut à La Haye en 1753. Dans deux lettres *inédites* que nous rapportons, il nie positivement qu'il soit l'auteur de cet ouvrage ; et dans deux autres lettres imprimées, adressées, l'une au libraire hollandais éditeur, l'autre à un professeur d'histoire naturelle, et dans un procès-verbal contre cette édition, il convient qu'il est l'auteur de ce livre, mais qu'il est défiguré, que c'est sur une copie très-défectueuse qu'il a été imprimé, etc.

(Voyez à la fin de l'ouvrage le n°. 1er.)

Le Congé donné par Voltaire à deux Poëtes.

ENTRE Corneille et Racine
Deux poëtes partagés
Disputaient, à Ferney, comme des enragés,
Quand, dans une chambre voisine,
Peu fait à ce charivari,
Voltaire enfin s'impatiente,
Sort brusquement, et, d'une voix tonnante :
« Pour disputer, dit-il, ainsi,
Sur le mérite des grands hommes,
De trois poëtes que nous sommes,
Il en est deux de trop ici. »

Cette anecdote, que je tiens de M. De-lille, concerne MM. Darnaud de Bacular et N.... Un jour, ils disputaient très-chaudement à Ferney, au sujet de Corneille et de Racine. Voltaire, impatienté par le bruit qu'ils faisaient, et qui d'ailleurs ne pardonnait pas, même à ses meilleurs amis, le moindre geste nuisible à son repos, sortit précipitamment de son cabinet : « Messieurs, leur dit-il, de *trois que nous sommes ici*, *il en est deux de trop.* » En même tems il fit ôter les deux couverts qu'on avait mis pour eux. Les vivres étant coupés, il fallut bien battre en retraite.

La chaleur de cette dispute provenait surtout de l'attachement opiniâtre qu'avait M. Darnaud aux opinions sur le théâtre, qu'il a consignées dans ses *Nuits parisiennes*, ouvrage anonyme fort rare et trop peu connu, fait de moitié avec M. Varon, rédacteur des Voyages de le Vaillant en Afrique.

~~~~~~

La Mâchoire mise en réquisition.

Avorton du Samson si vanté dans l'histoire,
Je suis en butte aux coups de mille Philistins :
Sur le point d'en venir aux mains,
Bonneau, mon cher Bonneau! prête-moi ta mâchoire!

Il est bien à craindre que l'Hermite ne reste sans secours ; nous ne sommes plus dans un tems où l'on prête.
~~~~~~

Voltaire et le Bavard ressuscité.

A certaine heure, chez Voltaire,
Chacun devait se retirer,
Par conséquent chacun devait se taire.
Un bavard eut beau soupirer
Pour le bonheur d'achever une phrase
Qui le mettait tout en extase ;
Il fallut, comme un autre, aussi désemparer ;
Mais telle fut la déplorable suite
D'un si grand, si cruel effort,
Qu'il tomba roide, presque mort ;
On accourt, on crie, on s'agite :
« Vîte un médecin ! vîte ! vîte ! »
Voltaire, peu sensible à cet évènement,
Rit de ces cris, et froidement
Dit : « qu'on lui rende la parole ! »
A peine a-t-il fini ces mots,
Qu'en reconnaissance, le drôle
L'assomme encor de vains propos.

Ordinairement, vers les sept heures du soir, Voltaire voulait être seul ; madame Denis s'en apercevait sur sa figure, et faisait signe à tous ceux qui étaient présens de se retirer. Le bavard dont il est question ne tomba point roide ; mais il voulut absolument achever sa phrase.

Proposition de Delille à Voltaire concernant les Juifs.

CONTRE les Juifs l'implacable Voltaire
Clabaudait comme un furieux :
« Soyez , lui dit Delille , envers eux moins sévère ,
Je vous laisse les Juifs, laissez-moi les Hébreux. »

Personne ne pouvait être impunément d'une opinion contraire à celle de Voltaire en sa présence : M. Delille avait seul ce privilége. Un jour le philosophe de Ferney s'emportait à son ordinaire contre les anciens Juifs. Delille se mit à sourire. « Vous ne ferez , lui dit-il , vous ne ferez pas grace même à l'auteur du *super flumina Babylonis!* Allons, soyons d'accord , je vous abandonne les Juifs; mais laissez-moi les Hébreux. » Voltaire ne put s'empêcher de rire à son tour. Tant il est vrai qu'il eût été bien difficile de se fâcher contre l'un des hommes les plus aimables et les plus tolérans du dernier siècle !

Sur l'abbé Raynal.

CHEZ un auteur plongé dans l'Encyclopédie
Arrive un inconnu, jasant comme une pie,
Faisant dans l'escalier un tapage infernal ;
    D'Alembert l'entend et s'écrie :
    « Mon bonnet de nuit ! c'est Raynal. »

L'abbé Raynal était un bavard assommant ;
il aimait beaucoup M. Pissot, libraire, homme
doué de diverses connaissances, et par-dessus
tout extrêmement indulgent : c'est particu—
lièrement chez lui que le philosophe du
Rouergue allait jaser d'abondance de cœur.
Il n'en était pas de même de La Harpe, dont
ce libraire avait fait imprimer les ouvrages
au détriment de sa fortune. Qui croirait que
l'auteur du Cours de Littérature, après la
satyre de Gilbert, ne trouvait plus à vendre
ses écrits, et qu'il fut obligé de présenter au
théâtre ses *Muses rivales*, sous un autre
nom que le sien, pour empêcher la chute
de cette pièce à la première représentation.

Quant au *bonnet de nuit* dont il est parlé

dans l'épigramme , ce fut l'expression dont se servit M. d'Alembert en voyant de loin arriver l'abbé Raynal. Lui-même me raconta cette particularité en 1781.

~~~~~~~~~~~~~~~~~~~~~~~~~~~~~~~~~~~~

La Prévoyance de Raynal.

RAYNAL, si l'on en croit un rapport peu certain ,
Malgré lui touchant à sa fin ,
Fit une cruelle abstinence :
Deux minutes au moins il garda le silence.
Que penser d'un si grand effort?
Que ce renard plein de prudence
Voulut se taire un peu d'avance
Pour mieux parler après sa mort.

S'il était vrai qu'on conservât, après sa mort, les goûts qu'on a manifestés pendant sa vie, il serait probable que Raynal devrait parler plus que jamais , vu l'intérêt qu'il prenait aux évènemens politiques.
~~~~~~~~~~~~~~~~~~~~~~~~~~~~~~~~~~~~

Doute sur la Correspondance de l'abbé Raynal.

QUOI ! de Raynal une correspondance !
    Elle est bien suspecte, je pense ;
Ces secrets en effet qu'on vient de révéler
    Et que tout s'empresse de lire,
    Comment pouvait-il les écrire,
    Lui qui ne cessait de parler ?

Le commencement de la correspondancé de Grimm, depuis 1755 jusqu'en 1769, qu'on vient de publier, est de l'abbé Raynal. On pourrait demander pourquoi l'on s'est contenté de mettre dans le titre de cet ouvrage les deux noms seuls de Grimm et Diderot, et qu'on a passé sous silence celui de Raynal ; c'est qu'apparemment le beau nom de Grimm avait quelque chose de plus harmonieux et de plus magique.

~~~~~~

Réclamation de l'auteur de Télèphe.

Au-delà de ce fleuve, où du bien et du mal
On a dit faussement qu'ou perdait la mémoire,
D'où vient ce vacarme infernal ?
C'est Pechmeja qui demande à Raynal
Sa part d'auteur dans son histoire.

Pechméja, auteur de Télèphe, compatriote de Raynal, eut une part très-active dans la composition de l'Histoire philosophique de cet ex-jésuite ; il en fit presque toute la partie qui regarde le commerce, et n'eut pour son travail que cent louis. Peut-être ne voulut-il point attacher son nom à cet ouvrage, pour ne point paraître complice des déclamations outrées de son ami ; peut-être encore, ce qui est plus vraisemblable, craignait-il d'être compris dans le réquisitoire que le comte de Maurepas fit faire à l'avocat-général Séguier, contre cette Histoire.
~~~~~~

Leçon donnée au satyrique Gilbert

GILBERT, en composant sa fameuse satyre,
Du haut d'un galetas voisin du paradis,
Faisait à ses voisins payer cher son délire
Par ses trépignemens, ses gestes et ses cris.
    Un d'eux enfin, las de ces bruits,
Sort de son cabinet, monte, et près de sa porte
    Dit tout-à-coup d'une voix forte,
    Et dont aucun son ne se perd :
« Arrêt du parlement et dernière sentence,
    Qui juge et condamne Gilbert
    A mourir sur une potence ! »
    Le poète pâle, effaré,
    Soudain de son manoir s'élance,
Et s'écrie, en courant comme un désespéré :
Je vais être pendu, je vais…—Non, mon cher maître,
Lui dit-on : seulement vous méritez de l'être.

En 1774, Gilbert était logé à un quatrième étage, rue St.-Hilaire ; c'est-là qu'il composait sa fameuse satyre sur le dix-huitième siècle. Dans le feu de cette composition, il ressemblait à la Sybille qui allait rendre des oracles ; il criait, il trépignait, il gesticulait si fort qu'il troublait tous ses voisins, et particulièrement un élève en médecine dont la chambre était au-dessous de la sienne.

Un jour, ce disciple d'Esculape, ne pouvant plus supporter ce bruit, s'imagina qu'il serait utile de faire une diversion, et d'attirer sur d'autres objets l'attention de ce maniaque. Il se mit à la fenêtre, et s'écria de toutes ses forces : « Arrêt du parlement qui juge et condamne le poète Gilbert à être pendu aujourd'hui en place de Grève. » Gilbert écoute et commence à trembler : le jeune étudiant répète d'un ton plus haut : « Arrêt du parlement, etc. Le poète, épouvanté, descend, se jette dans les bras du jeune homme : « Je suis perdu, s'écrie-t-il, sauvez-moi, on veut me pendre. — Oui; mais à condition que vous serez tranquille ». Il le fut en effet pendant quelques jours ; mais il finit par retomber dans son ancienne habitude : *Chassez le naturel, il revient au galop.*

Le Mariage forcé du Pindare français.

LES grands hommes souvent ont aussi leur faiblesse ;
Le pindare français , d'un ton de patelin,
    A l'humble objet de sa tendresse
    Sans cesse promettait sa main
    Et ne passait point sa promesse.
    Trop longue attente lasse enfin ,
Et quiconque en amour n'avance point , recule.
  La future conçoit le plus hardi dessein ;
    Du temporiseur , sans scrupule ,
    Le porte-feuille est apporté
Près d'un grand feu par ses mains apprêté ;
    Là , dit-elle , « épouse, ou je brûle. »
—« J'épouse, dit l'auteur. » Que d'autres, à ce prix,
Auraient plutôt laissé brûler leurs manuscrits !

Cette anecdote n'a pas besoin de commentaire. Si quelqu'un doutait de son authenticité, je lui citerais l'homme digne de foi qui me l'a racontée ; il était intimement lié avec M. Lebrun , et il vit encore.

On raconte une anecdote à-peu-près semblable au sujet d'un médecin trop respectable pour faire le sujet d'une épigramme.

Singulière Manie de Diderot.

TRÈS-GRAVEMENT assis près d'une dame aimable,
Diderot, de ses doigts lourds et licencieux,
Tàtonnait et pinçait un genou charitable :
L'indulgence bientôt le rend plus courageux ;
Il veut, il veut tàter... on arrête ses vœux :
    « Tout beau ! sachez, lui dit la belle
    Prenant un ton fort sérieux,
    Qu'il faut, auprès d'une donzelle,
    Moins tàtonner, et pincer mieux.

J'ai tu le nom de l'héroïne de cette anecdote que je tiens de M. Delille, ainsi que la
suivante. Voici le fait :

Diderot se trouvant à la cour de Russie,
assis auprès de l'impératrice Catherine II,
ne cessait, suivant sa manie, de lui pincer les
genoux. L'impératrice, d'abord, se contenta
d'en rire, et de s'écarter un peu : le philosophe la suit, et la pince encore si souvent,
qu'elle est enfin forcée de mettre une bar-
rière entre elle et cet indiscret, en se faisant
apporter une table qui les séparait.

~~~~~~

La Colère de Grimm.

Sur un fauteuil académique,
Pendant qu'un Picard prononçait
De son prédécesseur le long panégyrique,
Las d'écouter, Grimm dormait et ronflait :
Diderot lui pince l'oreille ;
Tout furieux il se réveille :
« Bourreau, dit-il, que faites-vous ?
Je dormais d'un sommeil si doux ! »

Ce sommeil, qu'on ne saurait excuser dans un Français, peut être pardonné à un étranger, qui vraisemblablement ne saisissait pas toutes les beautés des périodes académiques. Quoiqu'il en soit, Diderot avait raison de pincer en cette circonstance l'oreille à son ami, à charge de revanche ; qui ne connaît les manies et les absences du père de l'Encyclopédie ?
~~~~~~

~~~~~~

Mirabeau et l'Auteur à gages.

A Couchu, Mirabeau, pour arrhes d'un ouvrage,
    Avait avancé deux cents francs,
Ouvrage qu'il avait vendu bien davantage,
Deux mille, disait-on. Au bout de quelque tems,
    Il va trouver l'auteur a gage :
« Qu'avez-vous fait ? - Rien. - Rien ! D'un air tranquille,
Oui rien, lui dit Couchu, vos cris sont superflus ;
Avant tout donnez-moi dix-huit cents francs de plus
    Pour arriver à ces deux mille
    Que vous avez déja reçus.

Le fait, tel qu'il est décrit dans l'épigramme, est parfaitement conforme à la vérité ; il eut lieu en 1789, et l'on fut étonné
du sang froid de Mirabeau, qui s'en vengea
sur M. Salaville, en empruntant sa plume,
sans le payer régulièrement, et mourant son
débiteur d'une assez forte somme : aussi l'ap-
pelait-il son philosophe.

On demandait un jour à l'un de nos littérateurs les plus distingués, actuellement
élevé à une place très-éminente, et que l'Hermite de la chaussée du Maine voudrait bien
~~~~~~

paüvoir nommer ; on lui demandait, dis-je, quel était ce Couchu à qui il prenait tant d'intérêt, puisqu'il lui envoyait des secours pécuniaires : « C'est, répondit-il, un homme plein de talens ; mais malheureusement adonné au vin. Lorsqu'il est forcé impérieusement de travailler, il s'enferme dans son cabinet, après avoir fait ses provisions, jette ses souliers par la fenêtre pour n'être pas tenté de sortir, n'en ayant jamais qu'une paire. »

Le Voleur incorrigible.

Laissez ce pauvre Montolieu
Contenter sa dernière envie ;
Il a volé toute sa vie ;
Il voudrait, en mourant, voler jusqu'au bon Dieu.

Ceci n'est point une fable ; un procureur au Châtelet, quelques minutes avant sa mort, pria son confesseur de lui donner le crucifix pour le baiser ; il l'eut à peine entre ses mains, qu'il chercha de suite à le cacher sous son oreiller.

Mirabeau vaincu dans une lutte.

Sors un ormeau planté du tems qu'on se croisait,
    Un jour de fête de village,
    Suivant le plus antique usage,
On chantait, on dansait, et sur-tout on luttait:
Mirabeau, dit le grand, à ces jeux assistait.
Là son cœur palpitant, avec impatience,
    Voit moissonner des lauriers bien plus doux
Que tous ceux qu'il cueillait aux champs de l'éloquence
D'en moissonner aussi, trop fortement jaloux,
    Dans l'arène il s'élance,
    Et moins prudent que furieux,
Attaque le lutteur le plus fort à ses yeux,
Que, dans son fol orgueil, il terrassait d'avance.
Cet Entelle nouveau, plein de force et d'adresse,
    De ses deux bras l'étreint, le presse,
    En un clin-d'œil trois fois l'abat;
    Si bien que, las de ce combat,
    Et tout confus de l'aventure,
Mirabeau fuit, laissant ses vêtemens,
    Fuit au milieu des sifflemens,
Et va s'ensevelir au fond de sa voiture.

Le fait est arrivé en 1788, dans un village près de Marseille.

Procès entre un Evêque et un Médecin.

Un étrange procès naguère
Occupait un juge de paix :
Un médecin normand, chose extraordinaire !
D'un ex-prélat picard demandait le salaire
Des sermons que pour lui jadis il avait faits :
« Messieurs, à l'amiable arrangeons cette affaire,
Disait le bon Minos, vous n'êtes point gascons ;
Soyez d'accord ; sur-tout évitez des sentences,
Ménagez à-la-fois votre bourse et vos noms : »
— Je veux bien, dit l'abbé, lui payer ses sermons ;
Mais qu'il me paye aussi mes ordonnances.

Tout est vrai dans cette épigramme , si ce n'est l'article des ordonnances. L'ex-évêque, devenu journaliste et imprimeur à Paris , fut cité devant un juge de paix , pour se voir condamner à payer à un médecin des sermons que ce dernier avait faits pour lui; ce qui n'est pas si extraordinaire , puisqu'un poëte, auteur de facéties, en a fait jadis une douzaine pour un vicaire de la capitale, qui, d'ailleurs , était très-capable d'en composer; mais il est si doux de ne rien faire !

Placet présenté au cardinal de Bernis par un jeune voyageur qui se trouvait à Rome, et voulait en sortir.

Souffrez qu'au fils d'Anchise un peu je me compare ;
Au rameau d'or tous deux il nous faut recourir,
    Lui, pour entrer dans le Tartare,
    Moi, Monseigneur ! pour en sortir.

C'est la traduction du distique suivant, qui fut présenté à Son Em. le cardinal de Bernis, par un jeune voyageur, dans son palais d'Albano, le 5 septembre 1785, à six henres du matin :

*Alter ego Æneas ; ramus quærendus utrique
Aureus, ut petat is Tartara, ego ut fugiam.*

Le succès du placet passa l'espérance du voyageur, et, comme il parlait de remboursement : « Gardez-vous d'y penser, lui dit le secrétaire du cardinal ; son éminence donne, elle ne prête pas. »

L'Hermite de la chaussée du Maine peut attester ce fait comme témoin et partie. Si ce témoignage n'était pas suffisant, on pourrait encore avoir recours à celui d'une personne, qui, chargée il y a quelques années, des affaires de France à Rome, entendit raconter le même trait.

La Bonhomie de J. J. Rousseau.

POUR un misérable procès
Avec un Anglais d'importance,
Le fier Rousseau, dans sa vengeance,
Jusqu'à ses propres intérêts,
En grand seigneur, faisant la guerre,
Dédaigna l'or, dont l'Angleterre
Faisait hommage tous les ans
A la beauté de ses talens.
Qu'il était bon l'auteur d'Emile !
Au lieu de ce vilain refus,
N'eût-il pas dû, sage et tranquille,
Sans s'échauffer ainsi la bile,
Pour ses fils garder ces écus?

J. J. Rousseau avait mille écus de rente au moins lorsqu'il était à Montmorency ; il recevait alors du roi d'Angleterre une pension de cent guinées, qu'il refusa par la suite, lors de sa querelle avec *Hume*.

~~~~~~

Le duc de Nivernais, ou l'Impôt sur les poules..

Lors de la paix
Qu'à si grands frais
On fit en France
Avec l'Anglais,
Son négociateur, le sage Nivernais,
Fut le premier jouet d'une étrange dépense ;
A Douvres, pour deux œufs, deux œufs à demi frais,
Il fut forcé de donner cent guinées ;
Présage d'une paix des plus infortunées !
Ainsi voler, écorcher un passant !
La colère du duc ne saurait se décrire ;
Aussi se plaignit-il d'un pareil traitement,
Et ce ne fut point vainement ;
Sur chaque poule du vampire
On mit un tel impôt que pour son paiement,
Sa fortune ne put suffire.

Cette épigramme, dont le sujet est parfaitement conforme à la vérité, est assez détaillée pour n'avoir pas besoin de commentaire. Quant aux *grands frais*, à la *paix des plus infortunées*, il n'est personne qui ne
~~~~~~

connaisse la paix de 1763 entre la France et l'Angleterre, et les *débris étonnés d'obéir à deux rois.*

~~~~~~

M. de Faria, ou l'Art d'endormir les Belles.

A votre gré , vous endormez les belles ,
Mon cher abbé! passe pour les cruelles ;
Mais d'où vient qu'en cet art ainsi vous excellez ?
Je crois le deviner ; sans doute vous parlez.

M. l'abbé de Faria , professeur de philosophie, natif de Goa , a fait sur le magnétisme animal des expériences publiques qui ont donné lieu à de savantes discussions, et sur-tout aux sarcasmes de mon confrère de la chaussée d'Antin. Cet idéologue croit posséder la faculté d'endormir et même de paralyser les personnes dont la constitution physique est propre à recevoir les impression du magnétisme. S'il faut en croire le Journal de l'Empire , plusieurs femmes, que la nature a disposées favorablement , deviennent, au gré de ce professeur , somnambules , et
~~~~~~

même prophétesses : elles lisent les yeux fer-
més. Dans la Gazette de France, on va
plus loin, on leur attribue le don des
langues.

~~~~~~

Le grand secret de l'abbé Spallanzani.

Du fier Spallanzani l'art régénérateur
Venait d'éclipser l'art de l'ancien créateur ;
On n'avait plus besoin d'amour, ni d'hyménée,
Ni de ces alambics avares, incertains
Qui semblent à regret distiller les humains :
     La femme, quoique surannée,
     Comptait déja, toute étonnée,
Cent petits nouveaux-nés, cent jolis orphelins,
Sans frais, pour ainsi dire, échappés de ses mains :
Un nouveau genre humain commençait sa carrière,
Quand, sous le fer qui rompt le fil de nos destins,
L'abbé succombe, touche à son heure dernière,
Et de tous les docteurs invoque le secours ;
    Mais « qu'as-tu fait de ton génie ? »
Lui dit un carabin, toi qui donnais la vie,
    Tu ne sais point sauver tes jours ! »

Le savant Spallanzani fit à Rome, en
1787, des expériences publiques concernant
~~~~~~

la génération d'individus sans le concours des deux sexes ; elles réussirent à merveille sur les brebis et les chattes. On espérait que cet abbé pousserait plus loin un succès si important ; mais apparemment il fut découragé par les sarcasmes et les désagrémens attachés aux découvertes même les plus utiles.

~~~~~~

L'Auteur trop connu.

Plus d'argent que de gloire un auteur affamé
    Sur les quais faisant sa tournée,
Trouva de sa jeunesse une œuvre surannée,
Et de son prix soudain il veut être informé :
« Combien cet in-4°? — Dix francs, dit le libraire.
    — Dix francs ? Est-il assez corsaire ?
Dix francs pour un bouquin qui ne vaut pas dix sous !
    — Je le sais ; car il est de vous.

A combien d'écrivailleurs les libraires ruinés pourraient-ils faire ce compliment !
~~~~~~

~~~~~~

Mallebranche et le Gigot.

On ! des plus grands penseurs quelle est la petitesse!
Mallebranche voyait, ou croyait voir sans cesse
  Un gros gigot de mouton
  Qui pendait à son menton ;
 Ce gigot lui causait une vive tristesse ,
  Lorsqu'un habile médecin
  Muni d'un gigot véritable,
Sous le menton lui passe un rasoir charitable,
  Et soudain
 L'ennemi débusqué tombe sur une table ;
  Le savant tâte et pousse un cri :
  « Dieu soit loué ! je suis guéri. »
De Mallebranche, amis ! respectons la mémoire ,
  Plus d'un lecteur qui n'est pas sot
  Voudrait bien partager sa gloire
  Et voir partout un bon gigot !

Tout le monde connaît cette anecdote concernant le père Mallebranche ; mais on n'a pas assez apprécié le talent du médecin qui l'avait si adroitement guéri.
~~~~~~

Le père Maimbourg, ou les Quatre espèces de chiens.

Il est des chiens de quatre sortes,
Disait Maimbourg dans un de ses sermons,
Dogues anglais, mâtins, barbets, bichons;
Les uns toujours méchans font le diable à nos portes,
Les autres caressans et bons
Font l'ornement de nos maisons.
De la société, frères, voilà l'image !
Oui, mes frères, nous sommes tous...
Il allait ajouter maint autre radotage,
Lorsqu'un plaisant qu'ennuyait ce langage,
L'apostrophe : « Mon père, avant tout, dites-nous :
De quelle espèce êtes-vous? »

On trouve cette anecdote *canine*, à l'exception de l'épigramme que contiennent les derniers vers, dans un numéro du Journal de Paris, du commencement du mois d'août 1813. Le rédacteur s'est beaucoup plus étendu sur la différence que le père Maimbourg établit en chaire entre les quatre espèces de chiens : par la première, il entend les jansénistes ; par la seconde, les gens qui font beaucoup de bruit et peu de besogne ; par la troisième, les abbés du siècle, musqués, frisés, et par la quatrième enfin, celle des barbets, qui est la seule bonne, les jésuites, toujours prêts à tout sacrifier pour la gloire de Dieu.

Un Sot traité comme il le mérite.

La colère et le vin qui troublent tant de têtes,
De maintes vérités, souvent, en peu de mots,
    Sont les fidèles interprètes ;
Mondor, dont la fortune était des plus complètes,
Se plaignait de son sort : « Laissez-nous en repos,
Lui dit l'*Angot* du jour, qu'irritaient ces propos ;
Pourquoi de votre part ces plaintes indiscrètes ?
Depuis que le bonheur n'est fait que pour les sots,
    Ne sait-on pas ce que vous êtes ? »

Il faudrait vivre dans un désert, au milieu de la plus profonde solitude, pour ne point rencontrer à chaque pas de ces personnages bizarres, à qui l'on peut avec raison appliquer cette épigramme.

Trait caractéristique de d'Alembert.

D'ALEMBERT vit un jour un bavard ennuyeux
Prêt à fondre sur lui; d'un ton peu charitable
Aussitôt il s'écrie : « Allez-vous-en au diable ,
Mon tems, pour vous entendre, est par trop précieux. »
   Le quidam part; le vieillard le rappelle :
« Où courez-vous ! - Au diable ! à votre ordre fidelle,
J'y vole. » — Revenez ! pardonnez mon courroux !
     Approchez , que je vous embrasse ;
     Hier j'ai répondu de vous ;
     Tenez, prenez ce billet doux ;
Chez le comte d'Estaing vous avez une place. »

     Si cette pièce, ami lecteur !
     Ne paraît point assez caustique ;
     Son fonds au moins est historique ,
     Et plaide bien en sa faveur :
     C'est l'épigramme d'un bon cœur.

Il y a peu de différence entre le fait tel qu'il se passa en 1780, et tel qu'il est rapporté aujourd'hui dans cette épigramme. Un jeune homme avait écrit une fort longue épître à M. d'Alembert ; ne recevant point de réponse, il se rendit chez cet académicien, qui l'avait dejà reçu plusieurs fois ; le moment n'était pas favorable. D'Alembert examinait des discours envoyés à l'académie française : aussi, dans sa mauvaise humeur, dès qu'il l'aperçut, il s'écria : « Je n'ai pas le tems de vous parler, allez vous . . . . . » Le jeune homme, à ces mots, se précipita dans l'escalier. D'Alembert le rappelle ; il revient. « Que vous êtes vif, lui dit-il, on ne peut pas vous parler. J'ai répondu de vous corps par corps chez M. d'Estaing ; mais je n'ai point réussi ; on veut un prêtre ; tenez, voilà une lettre pour aller professer les mathématiques à la pension militaire de Passy. »

Le même jeune homme ne fut pas traité aussi favorablement par M. de La Harpe, comme on va le voir dans l'épigramme suivante.

*Différence des caractères de La Harpe et
de d'Alembert.*

Or maintenant, sans indulgence,
Mettons en face à découvert
La Harpe et le vieux d'Alembert;
Voyons quelle est leur différence.

Souvent un mot, quoique innocent,
Aux yeux d'un puriste tranchant
Est regardé comme une injure,
S'il fait, d'un coup par trop violent,
A la grammaire une blessure.

Un jour un gascon, hardiment,
(Tous sont hardis de leur nature)
Avec La Harpe caquetant,
Osa lâcher sans conséquence
Le mot affreux de conséquent.

La Harpe, de rage écumant,
De son lit aussitôt s'élance,
Et, le poing fermé : « Malheureux!
Osez-vous parler de la sorte !
Conséquent!.. devant moi... grands dieux !
Fuyez, Monsieur, fuyez ces lieux,
Allez ! soudain prenez la porte. »

— Je ne veux point de votre bien ,
Dit le gascon , que ce mot blesse ,
Quoique mauvais grammairien .
Monsieur , sachez qu'en bon chrétien,
Je passe une porte et la laisse.

En 1790 , un jeune littérateur alla trouver M. de La Harpe , qui l'honorait de sa bienveillance ; comme il venait d'obtenir quelques succès pour des ouvrages qu'il avait publiés , il aspirait au prix d'encouragement que l'Académie française avait coutume de donner à des gens de lettres qui avaient besoin de secours. Il demanda à l'académicien s'il serait possible d'obtenir ce prix : « Non , répondit La Harpe ; il est déja promis à M. de Saint-Ange. » — Ce prix est-il *conséquent ?* — Conséquent! monsieur! conséquent! vous êtes homme de lettres et vous parlez ainsi ! *Prenez*-moi vîte la porte , etc.

Le doux Baiser, ou les deux Curés Bourguignons.

Un bourguignon touchait à son dernier moment ;
C'était un bon curé, Silène d'un village
Où Bacchus recevait le plus fidèle hommage.
Un confrère, au sortir d'un dîner succulent,
        Va le trouver, le baise tendrement :
        « Quel plaisir tu viens de me faire,
    Lui dit le moribond à peine bégayant !
        Encore un baiser, mon cher frère,
        Encor ! encor ! tu sens si bon !
        C'est du meilleur cru de Mâcon. »

J'ai entendu raconter ce fait au curé même qui avait donné le doux baiser ; il avait été transplanté du midi de la France aux environs de Mâcon, où, dans toutes les circonstances, il prouva qu'il était digne de naître en Bourgogne. Il se nommait Sudré ; excellent prêtre, excellent citoyen, si, le verre à la main, il avait toute la force du maréchal de Saxe, il avait, dans son état, toutes les vertus de Fénélon.

L'Evêque et l'Astronome Lalande.

En ces tems malheureux qui désolaient la France,
Dans un pressant besoin le pauvre *Miseret*
   Alla trouver un homme d'importance,
Qui, sous un toit obscur cachait son opulence,
  Un saint prélat, qui tous les jours prêchait
     La charité, la bienfaisance,
    Et jamais ne les pratiquait.
Quoique preux chevalier et de sa connaissance,
    Vers lui cependant il s'avance
A pas lents, humblement et n'osant dire un mot.
  Tant le besoin rend l'homme d'esprit sot !

   Enfin rompant un long silence :
   « Je viens, dit-il, en toute confiance,
Je viens vous demander un modique secours,
Ma femme et mon enfant... nous sommes en souffrance ;
   De cent francs faites-moi l'avance,
   Je les rendrai sous peu de jours. »
   — « Je partage votre misère,
Mais, pour la soulager, je ne saurais rien faire,
   Je suis moi-même en ce moment
   Dans le besoin le plus urgent ;
Offrez à l'Eternel ce chagrin salutaire ;
Patientez ! le ciel sera votre salaire. »

A ces mots il marmote et semble d'un regard
Vers la porte pousser l'infortuné vieillard.
Le triste *Miseret* aussitôt se retire,
  Et va promener au hasard
  Un tourment qu'on ne peut décrire.
 Il se souvient enfin d'un ami généreux...
  Mais en est-il pour l'indigence ?
N'importe ! il faut tenter une autre expérience.
Il se rend chez Lalande. - « Eh ! bonjour, mon ami !
  De si loin dans ce quartier-ci !
  Chez moi quel bon vent vous amène ?
  Mais quoi ! vous ne me dites rien !
Vous pleurez !.. mon ami ! seriez-vous dans la peine ?
Parlez-moi ! c'est le sort de tous les gens de bien.
 — Vous le voulez. — Je vous en prie.
-J'ai besoin de cent francs.-De cent francs seulement !
  Que faire avec si peu d'argent ?
  Cette demande m'humilie,
Acceptez-en cinq cents. — Vous me rendez la vie,
  Vous la rendez à mon enfant,
A mon épouse... — Chut ! plus bas ! on nous entend.
—Je vous les remettrai. — N'en parlez à personne,
Et n'ayez nul souci pour le remboursement ;
Je ne prête jamais, quand je le puis, je donne. »

Je ne dirai point le nom du prélat ; il vit
encore, ainsi que le demandeur de secours,
qui m'a communiqué lui-même cette anecdote. Quant à M. Delalande, il est peint ici

d'après nature; c'est un de ses traits de bienfaisance sur mille autres qui ne sont connus
de personne. Tous les jours il avait dans sa
poche un rouleau de pièces de deux sols pour
les pauvres, et plus d'une fois il attaqua la
veille celui du lendemain. C'était son plus
grand plaisir que celui d'être utile, sans avoir
l'air de l'être.

Piété filiale d'un Enfant gâté.

Fi des enfans gâtés! un trait fort ordinaire
    Au naturel montre leur caractère.
Une maison croulait sous un gouffre de feux,
Qui venait d'absorber une fille et sa mère;
      Un jeune enfant moins malheureux
      Echappe à peine à l'incendie,
      Qu'oubliant l'auteur de sa vie
Et la petite sœur compagne de ses jeux,
      Les yeux tout en pleurs, il s'écrie :
« Ma toupie! ô mon Dieu! j'ai perdu ma toupie! »

Heureusement les enfans de ce naturel sont
rares; mais on ne saurait trop tôt étouffer
ces sentimens d'égoïsme, qui, dans l'âge le
plus tendre, annoncent tous les vices pour
un âge plus avancé.

~~~~~~

L'Abbé Gobert, ou le Bonheur d'un auteur sans l'être.

« Pour un misérable couplet,
    Faut-il ainsi perdre la vie,
Disait l'abbé Gobert ! grand dieu ! quelle infamie ! »
— Consolez-vous, lui dit le docteur Nicollet,
    Votre martyre est un bienfait ;
    Heureux qui, comme vous, expie
    Un mal que jamais il n'a fait ! »

Il en est de beaucoup d'auteurs comme des fourmis ; ils recueillent sans avoir semé : heureux si, moins chargés de besoins factices, ils imitaient la prévoyance et la sobriété de ces insectes ! Parmi les écrivains de cette espèce, quelques-uns savent fort bien manier la plume, quoiqu'ils empruntent celle d'autrui : tel fut Mirabeau ; d'autres incapables de rien produire par eux-mêmes, ne vivent que des produits de la plume qu'ils achètent : tel fut Gobert, clerc tonsuré, soi-disant abbé de Gaillac.

Cet intrus du Parnasse avait fait, quelques années avant la révolution française, une
~~~~~~

spéculation qui, en lui donnant le nom d'auteur et l'entrée chez tous les grands, lui procurait les moyens de se costumer et de vivre en abbé de cour, sans dépenser ni son argent, ni son esprit. Arrivait-il un évènement remarquable en Europe, la naissance ou la mort d'un prince, un mariage, une paix, une alliance desirée, aussitôt M. l'abbé accourait chez un écrivain de profession, lui demandait un épithalame, une élégie, une oraison funèbre, enfin une pièce analogue au sujet dont il donnait le plan, la marchandait comme une pièce d'étoffe, convenait du prix, la faisait imprimer en beaux caractères, sur beau papier, en offrait l'hommage à toutes les têtes couronnées et aux seigneurs les plus riches.

C'est ici qu'on eut pu dire : *Timeo Danaos et dona ferentes ;* l'envoi de cet hommage était toujours accompagné d'une épître, dans laquelle M. l'abbé exposait ses pertes, ses besoins, et finissait par tendre, sinon la main, du moins son ouvrage, pour recevoir quelque secours, qui jamais ne lui était refusé ; c'est ainsi qu'un exemplaire qui lui coûtait un franc était payé depuis six francs jusqu'à cent écus, somme que lui envoya plus d'une fois l'impératrice Catherine II.

Nous avons vu son porte-feuille rempli de lettres de souverains et de princes : aussi disait-il avec ce ton de fanfaron, si commun sur les bords de la Garonne : « *Zé né communico qu'avec les tetos couroneos.* »

Jamais libraire n'entendit mieux ses intérêts que cet auteur sans l'être. Ce spéculateur, qui tirait à vue sur les plus fortes caisses, aurait dû amasser des richesses considérables; mais il aimait trop à jouir. Ses deux passions favorites étaient la table et Vénus. Hélas! ce qui lui procura sa bonne fortune, fut aussi la cause de sa perte.

Un mois avant la catastrophe du 10 août 1792, il fit, ou pour dire vrai, fit faire un compliment à la reine pour le jour de sa fête; c'étaient une vingtaine de petits vers français; on trouva ce fatal bouquet dans l'armoire de fer; il l'avait signé, et n'avait pas manqué de mettre au bas de la pièce son adresse, dans l'espoir d'une récompense. Quelle fut sa récompense, bon dieu! le 28 août il fut arrêté, et le 2 septembre massacré le quatrième à l'Abbaye Saint-Germain !

Si l'on eût puni le véritable auteur de ce compliment, on n'aurait jamais vu ces anecdotes, ni les ouvrages que M. Delille a publiés depuis vingt ans.

La Pénitence la plus rigide pour une coquette.

Pour un péché dont l'abstinence
Cause à nos belles tant d'ennui,
Arsène s'impose aujourd'hui
La plus sévère pénitence ;
Elle vient de prendre un mari.

'Arsène voulait en finir ; elle avait raison ; elle avait apparemment lu le passage d'une lettre écrite par l'un des seigneurs les plus spirituels de la cour de Louis XIV : « J'admire quelle force a l'usage avec ces trois mots qu'un homme dit : *Ego conjungo vos*, il unit un garçon avec une fille du consentement de tout le monde, et cela s'appelle un sacrement administré par une personne sacrée; la même action sans ces trois mots, est une fornication qui déshonore une pauvre femme. Le père et la mère, dans le premier cas, se réjouissent, dansent et mènent eux-mêmes leurs filles au lit, et, dans le second, ils sont au désespoir ; ils la font raser, et la mettent dans un couvent. »

Rareté de la religion et du numéraire.

Ex ce bas monde, où l'homme avare
   Ne suit que son ambition,
Lequel des deux est le plus rare,
   L'argent ou la religion ?

Presque dans tous les tems on s'est plaint de la rareté du numéraire ; mais personne peut-être n'a écrit à ce sujet avec plus de finesse et de gaîté que madame de Sévigné : voici comment elle s'exprime dans une lettre qui n'a pas été imprimée, en date du 24 avril 1672.

« Savez-vous bien que je reçus hier seulement votre lettre du 19 mars, par cet honnête marchand qui fait, dites-vous, crédit, et ne presse pas trop les gens ? Plût à Dieu

qu'il s'en trouvât ici d'aussi honnête composition ! Ils sont devenus chagrins depuis quelque tems ; chacun sait si je ne dis pas vrai :
on est au désespoir ; on n'a pas un sou ; on ne
trouve rien à emprunter ; les fermiers ne
payent point ; on ne peut faire de la fausse
monnaie ; on ne voudrait pas se donner au
diable, et cependant tout le monde s'en va
à l'armée avec des équipages : de vous dire
comment cela se fait, il n'est pas aisé ; le
miracle des cinq pains n'est pas plus incom-
préhensible. »

En 1739, soixante-sept ans après la lettre
de madame de Sévigné, le cardinal de Fleury
se plaignit aussi de la rareté du numéraire :
« J'ai appris avec douleur, il y a longtems,
que la rareté de la religion parmi la prélature
n'y est pas moindre que celle des espèces. »

Le grand Bailli de Metz, et le Vieillard.

Au grand bailli, Buffon de la Lorraine,
    Un vieillard, pressé par la faim,
Demandait à soigner son immense jardin,
    Non pas comme un homme de peine,
Car il avait perdu l'usage d'une main :
« Je ne veux, disait-il, qu'un modique salaire;
    Faible, incapable de rien faire,
Je ne demande point du travail, mais du pain. »
— Soyez mon jardinier, réplique sans surprise
Le généreux baron, j'aime cette franchise;
    Tant d'autres qu'on dit gens de bien
    Veulent tout faire, et ne font rien.

Ce grand bailli de Metz s'appelait le baron de *Tschwdick;* il était très-versé dans la connaissance de l'histoire naturelle, et avait un magnifique jardin qu'on pouvait citer même après celui des Plantes, à Paris. Toute la ville de Metz connut le trait de bienfaisance, qui fait le sujet de cette petite pièce.

Ce baron composa un volume de supplément dans l'Encyclopédie, pour la partie de l'histoire naturelle. Il fut aussi l'auteur de l'opéra des *Danaïdes*, joué avec beaucoup de succès; heureux s'il n'eût point conçu pour une des actrices une passion malheureuse et vaine qui le conduisit au tombeau! Il eut de commun avec Racine, que sa femme, comme celle de ce poète, ne voulut jamais voir ses pièces.

Le Langage du Diable.

Une mégère à son époux
Demandait quel était le langage du diable;
La réponse à coup sûr ne fut point agréable:
« Madame, il parle comme vous. »

Il est des épigrammes qui peuvent passer pour des lieux communs, trop clairs pour avoir besoin de commentaire ; celle-ci est de ce nombre.

Au surplus , je proteste qu'en la composant, je n'avais personne en vue. Eh ! pourquoi voudrait-on s'arrêter à une mauvaise copie, lorsqu'il y a tant de bons originaux ?

La Chevalière d'Eon.

La chevalière d'Eon
Fut-elle fille ou garçon ?
C'est encore un grand problême ;
Mais Bonneau , qui tout de bon
Est des deux sexes lui-même ,
Pour donner à tous raison ,
En faisant le bon apôtre ,
Dit qu'elle fut l'un et l'autre.

Le sexe d'Eon fut un problême pendant sa vie ; il l'est encore après sa mort. Témoin d'une vive altercation qu'il avait excitée entre deux amis , et curieux de le résoudre , je me suis procuré sur le compte de ce célèbre chevalier , tous les renseignemens pour et contre qui n'avaient pas encore été publiés ; ils méritent , par leur authenticité , d'être ajoutés à ceux que l'on avait déja. Voici le rapport que m'a confié un homme de lettres encore vivant.

« J'étais à Londres en 1771 et 1772. Dans le courant de ces deux années , je vis tout-à-coup affichée au coin des rues, une gravure dans laquelle le chevalier d'Eon était grotesquement représenté comme une femme accouchant des OEuvres de M. Wilkes, qui dans la suite fut lord maire.

Cette gravure fit naître beaucoup de soupçons sur le sexe du chevalier ; on ouvrit à ce sujet des paris considérables, et le bruit courut que, pour mettre un terme à l'indécision de ces paris, ou plutôt à la fermentation qu'ils occasionnaient dans les cercles, on offrit vingt mille guinées à d'Eon, s'il avait la complaisance de laisser vérifier son sexe. « Cette vérification, dit-il, est à la pointe de mon épée. » Personne ne fut tenté de l'essayer ; on se rappela que ce preux chevalier ayant eu dans un voyage en Egypte, une affaire avec un Anglais, l'avait étendu d'un coup de lance au pied d'une pyramide ; qu'en des tems postérieurs, par suite d'une mésintelligence avec madame de Guerchy, femme de l'ambassadeur de France, elle avait proposé à cet époux trop complaisant pour l'humeur de son épouse, de vider leur querelle l'épée à la main.

On sait qu'à cette occasion M. de Guerchy

se plaignit à la cour de France , qui rappela M. d'Eon ; que celui-ci refusa d'obéir, pré-voyant qu'il pourrait être sacrifié au crédit de M. l'ambassadeur , auquel il était subor-donné en quelque sorte comme secrétaire de l'ambassade ; on sait que d'Eon n'ayant pu se justifier ni dans l'esprit du duc de Praslin , ministre des affaires étrangères , ni dans celui du duc de Choiseul , ministre de la guerre, publia sa correspondance, accepta l'hospita-lité chez le chevalier Temple , profita du crédit de ce dernier, et mit, tant en France qu'en Angleterre , tous les rieurs de son côté , aux dépens des ministres, de M. de Praslin sur-tout , et de M. de Guerchy.

J'ai ouï dire dans le tems des paris , que probablement madame l'ambassadrice avait deviné le sexe d'Eon, et qu'elle avait écouté cette jalousie ou cette antipathie que la plupart des femmes de haut parage ont les unes contre les autres. Delà les plaintes por-tées au mari, l'humeur témoignée au secré-taire , qui n'avait oublié ni son rang de ca-pitaine de dragons , ni les droits attachés au secrétariat d'ambassade , ni l'Anglais laissé aux pieds de la pyramide égyptienne ; delà ,

sans doute, la fierté de sa réponse à l'ambassadeur, sa fermeté à l'égard des ministres de
France, et les différentes tentatives de leur
part de le faire enlever.

Ce bruit était si accrédité que, dans l'in-
tervalle des paris, d'Eon s'étant absenté pour
se dérober aux persécutions relatives à la vérification de son sexe, on fit courir un autre
bruit qui obligea le duc de Guines, nommé
à l'ambassade d'Angleterre, de se justifier
dans les papiers publics. On l'accusait d'avoir
fait enlever d'Eon, par ordre du gouvernement français. Tel était l'état des choses,
quand je repassai en France. Voilà ce que
j'ai vu, ce que j'ai entendu dire à Londres,
concernant ce chevalier. J'y ajouterai cette
particularité.

Il était souvent allé chez Reda, maître
d'armes français à Londres, qui avait donné
des leçons de son art à la cour. Lorsque la
gravure dont j'ai parlé parut, et qu'à cette
occasion les paris s'ouvrirent sur le sexe
d'Eon, ce Reda raconta plusieurs fois en
ma présence, qu'en effet on avait observé
que cet athlète s'étant livré pendant quelque
tems à cet exercice, avait coutume de se

retirer dans un cabinet attenant à la salle d'armes , pour s'essuyer : précaution employée , disait-on , pour ne pas laisser connaître son sexe.

Lorsque d'Éon reparut en France en habits de femme , et que la guerre des États-Unis commença , vainement , pour se délivrer de ce costume , il sollicita la permission de passer en Amérique , et d'y servir dans cette nouvelle guerre ; il ne put obtenir cette faveur (1).

Gauchement accoutrée de coiffure , de fichus et de robes , la chevaleresse d'Éon avait pour l'accompagner un militaire d'une haute taille , qu'elle appelait assez plaisamment sa femme-de-chambre , à laquelle cette héroïne donnait sa quenouille à porter ; elle nommait sa quenouille un sabre d'une longueur énorme (2). Je tiens cette anecdote de la femme d'un avocat très-célèbre qui vit encore , ainsi que lui. Elle ne doutait point

______

(1) Que prouve ce refus ? que le Gouvernement français ne voulut point de nouveau donner du service à une personne qui avait tourné en ridicule deux ambassadeurs et les ministres de la cour de France.

(2) Cette quenouille ou plutôt ce sabre énorme ne décide absolument rien à l'égard du sexe d'Éon.

que d'Eon ne fût une femme. Les papiers anglais l'ont annoncé après l'ouverture de son corps, à Londres, où elle était retournée.

Mais pourquoi la demoiselle d'Eon avait-elle pris l'habit de garçon, et fait ses études sous ce costume ? Ce fut, dit-on, pour hériter d'un bien substitué à la branche masculine de sa maison ; son père obtint ce travestissement en sa faveur, n'ayant point d'enfans mâles. On assure que Louis XV était du secret, et qu'il riait de tout son cœur des paris qu'occasionnait ce chevalier, des assauts qu'on lui portait, et de la manière dont il savait les repousser.

Voici maintenant ce que je lis dans une lettre écrite le 28 juin 1787, à un président du parlement de Paris, et qui n'a jamais été publiée :

« Quelqu'un digne de foi, nous racontait ces jours derniers, au sujet du chevalier d'Eon, qu'on l'avait toujours connu pour un garçon : au collége, il tournait comme les autres, le visage contre le mur, pour satisfaire à un besoin de la nature ; on l'a ensuite vu en costume de petit commis, dans les bureaux de M. Berthier de Sauvigny. Il arriva que la Russie ne voulut plus avoir à Péters-bourg de ministre plénipotentiaire de France. M. de Choiseul y fit passer un simple envoyé, qui était le sieur Michel, précepteur de M. de Sauvigny fils. Arrivé sur les bords de la Néva, l'envoyé rongé de goutte, ne tarda pas à mourir ; le sieur d'Eon, son secrétaire, s'acquitta très-bien de ses fonctions. Puis on a su ses brouilleries avec MM. de *Niv*.... et de Guerch.... ; sa vive dispute avec Tort et Beaumarchais : cette dernière altercation était une véritable jonglerie, un fait à la main. Cependant d'Eon voulut recouvrer sa pension et revenir en France. Le comte de Maurepas lui fit dire que sa vie ne pouvait être en sûreté que sous l'habit de femme. Dès lors on débita que le chevalier d'Eon était demoiselle. Le public le crut, et le comte de Maurepas en haussait les épaules, en se moquant de la crédulité *parisienne*; et pour affermir la croyance générale, on fit dire par des femmes qu'elles avaient vu le sexe de la chevalière d'Eon, et qu'elle était du *leur*. Ce travestissement lui assure sa pension, et met elle-même et ses amies dans l'impuissance de se venger, regardant les torts de la fille capitaine comme non avenus, et comme indiscrétion de son sexe. La demoiselle d'Eon n'a pas de barbe ; à l'exemple de Voltaire, elle l'a épilée dès sa jeunesse. »

~~~~~~

L'Avare puni par lui-même.

Dans un emportement extrême
Un vieux avare sans raison
Dit à son débiteur qu'il rendait pâle et blême,
  « Paye, ou je mets le feu dans ta maison. »
Il le mit en effet, et s'y brûla lui-même.

Il n'est personne qui ne saisisse l'allusion faite dans cette épigramme à ces hommes aussi imprudens qu'intéressés, qui, pour tout obtenir de suite, font des frais énormes, et finissent par tout perdre. Ce n'est ici qu'une allégorie ; mais j'ai entendu dire en 1772, que deux années auparavant, un de ces vampires avait mis le feu à la maison de son débiteur ; qu'au moment où il voulut porter de l'eau pour éteindre l'incendie, ses mains furent tout-à-coup paralysées.
~~~~~~

Le Philosophe dansant.

BAILLY, le mince et long Bailly,
Un jour dansa par complaisance ;
C'étaient la gravité, la sagesse et l'ennui
Qui se promenaient en cadence.
Un fat en souriait. — Monsieur, moins de jactance,
Dansez, dit une dame, et pensez comme lui !

Après un repas que M. Bailly avait donné dans sa maison de Chaillot, auquel avaient assisté plusieurs dames : l'une d'elles, madame Doyen, épouse du célèbre peintre de ce nom, invita M. Bailly à ouvrir une danse avec elle. Bailly s'y refusa d'abord, alléguant pour prétexse de son refus, son impéritie et sa maladresse dans l'art de Terpsichore : « Il faut danser, continua madame Doyen, et je vous embrasserai sur les deux joues. » La récompense était trop séduisante pour ne pas accepter l'invitation, et le philosophe dansa.

~~~~~~

Sur Bailly et Lavoisier.

Lavoisier et Bailly, que je plains votre sort !
Déplorables jouets d'une infernale envie,
Avant l'instant fatal qui vous ôta la vie,
On avait juré votre mort.

Bailly, après avoir été accablé d'outrages pendant qu'il était maire de Paris et membre de l'assemblée nationale, par un trop fameux journaliste qui se nommait l'Ami du Peuple, fut précipité sur l'échaffaud par l'effet des écrits de ce cannibale. Voici les renseignemens que nous avons puisés à ce sujet dans les mémoires inédits de M. Roome, ancien commissaire du Gouvernement en Amérique, et ami de ce journaliste.

Roome avait communiqué à Marat différens mémoires, dont le but était de prouver l'utilité que le roi d'Espagne pouvait retirer de l'exploitation des mines de platine en Amérique. Ce médecin fit là-dessus un travail qu'il remit à Florida-Blanca, ambassadeur d'Espagne à la cour de France. A la fin de
~~~~~~

son mémoire, il proposait d'établir à Madrid une académie composée de savans chargés de diriger cette exploitation, dont les résultats devaient remplacer, par ce métal, l'argent et même l'or, et par conséquent augmenter considérablement les ressources financières de l'Espagne ; mais, pour récompense de sa découverte et de ses travaux, il demandait la place de directeur de cette académie, et une pension annuelle de trente-six mille francs.

Ces propositions étaient de nature à être favorablement accueillies. Aussi Marat avait-il déja presque la promesse formelle de leur acceptation, lorsqu'une réflexion, un mot dérangèrent tous ces calculs. On fit sentir à M. l'ambassadeur qu'avant d'adopter un projet si important, et de créer une académie, pour laquelle le trésor royal aurait à faire de fortes avances, sans qu'il eût tiré le moindre fruit d'une exploitation incertaine, il était convenable de soumettre le mémoire de Marat à l'académie des sciences de Paris.

Cette académie nomma dans son sein une commission chargée d'examiner le travail et les propositions du médecin. Bailly, l'un des commissaires, fit un rapport à ce sujet, entièrement contraire aux espérances de Marat, dont la cour d'Espagne ne voulut plus entendre parler.

Marat, repoussé du trône académique et privé des trente-six mille livres de pension, jura, dès ce moment, une haine éternelle à Bailly, et profita de l'influence qu'il avait au commencement de la révolution, par sa démagogie forcenée, pour en faire sa victime.

Lavoisier, outre qu'il était compris dans la proscription des fermiers-généraux, eût difficilement dérobé sa tête à l'échafaud. Il avait été l'auteur du plan des murs de Paris, qui lui avait fait tant d'ennemis. Il parut à cette époque une brochure intitulée : *Requête au roi contre les fermiers-généraux, sur la muraille de Paris*, dans laquelle ce savant chimiste était peint sous les couleurs les plus affreuses. On sait qu'au moment de l'insurrection du 14 juillet 1789, la fureur révolutionnaire se porta d'abord sur les principales barrières qu'elle

incendia. Dès cet instant, Lavoisier aurait
dû prévoir le sort qui l'attendait, et l'éviter.

Florian, ou la reconnaissance d'un Filleul.

En ces tems malheureux de rage et de folie,
   Où la France était toute en deuil,
Comment, à Florian, fit-on perdre la vie?
   Qui le plongea dans le cercueil?
   Robespierre? non, son filleul.

S'il est des hommes dont la mémoire ob-
tienne le suffrage de tous les cœurs, et dont
on veuille connaître la vie entière, ce sont
sur-tout ceux qui joignent à des mœurs
douces la sensibilité et la bienfaisance. Tel
fut le chevalier de Florian. On trouve à la
tête de ses œuvres de très-amples détails
sur sa vie ; mais il y manque des particularités, dont plusieurs personnes encore exis-
tantes nous garantissent l'authenticité.

Florian s'était retiré à Sceaux dans ces
jours déplorables, où la faulx révolutionnaire
semblait chercher particulièrement les talens

et la vertu. Là , en instruisant les enfans *gratis*, et montant souvent en chaire à la place du curé très-avancé en âge , il prêchait à ses concitoyens leurs devoirs et l'amour du prochain avec une onction qui , plus d'une fois , leur arracha des larmes ; il jouissait des fruits de son exemple et de ses instructions , vivant aux portes de Paris comme s'il en eût été à mille lieues , lorsqu'un évènement auquel il n'aurait jamais dù s'attendre , lui enleva son repos et sa liberté.

On vint lui annoncer qu'Antoine N......, son filleul , était occupé , dans l'église de Sceaux , à mutiler et à détruire des christs et des statues de saints ; il s'y transporta. « Antoine, mon cher filleul, que fais-tu là ? — Que vous importe, lui répond le nouvel Erostrate ? — Antoine , sors de l'église ; en qualité de ton parrain , je te l'ordonne. — Vous !.... si... » M. de Florian s'approche et lui donne un soufflet. « Tu me le paieras, s'écrie le forcené filleul. » En effet, la nuit suivante, Florian fut arrêté et conduit à la Conciergerie , où il resta huit jours, plus près de la mort que de la vie ; il allait

paraître devant le tribunal révolutionnaire ;
et partir pour l'échafaud, quand tout-
à-coup on fit sonner le tocsin à Sceaux et
dans tous les environs, et l'on vit arriver
au palais une foule considérable de citoyens
de tous les rangs, de tous les partis, ayant à
leur tête le maire du lieu, et le vénérable pa-
triarche de la paroisse, demandant à grands
cris, leur bienfaiteur, leur ami, leur père.

Il leur fut accordé et ramené en triomphe
à Sceaux, où il mourut au bout de cinq jours,
tant peut-être de la joie imprévue que lui
avait causée la manière dont il venait d'être
sauvé, que des maux qu'il avait soufferts
pendant sa détention.

***

L'Auteur emballé, ou Voltaire puni.

« Que fais-tu dans ce coin, misérable Voltaire,
En paquets entassé sous un mont de poussière? »
    — Hélas ! — Réponds-moi franchement,
    Lorsqu'on est mort, on peut tout dire :
    — J'éprouve un juste châtiment ;
    Le Czar se venge maintenant
    De mes Annales de l'Empire.

Un voyageur qui revenait de Pétersbourg, peu de tems avant la révolution française, rapporta qu'il avait vu, dans un coin du palais de l'empereur, la bibliothèque de Voltaire, toute emballée, depuis plus de dix ans que la Czarine l'avait achetée.

Les deux espèces de Savans.

Nous préserve le ciel des vieux savans en *us* !
    Toujours étrangers à ce monde,
    Dans leur solitude profonde,
    Ils sont comme s'ils n'étaient plus ;
Gardez-vous de chercher au temple de mémoire
De dates et de mots leurs grands noms tout remplis;
Sous les bouquins poudreux, qu'ils entassent sans gloi[re]
    D'avance ils sont ensevelis.

Oh ! que j'aime bien mieux ces savans moins sauvages,
D'eux-mêmes érigés en mentors des humains,
Jusques dans les erreurs de leurs brillans ouvrages,
De la vertu du moins indiquant les chemins,
Dussent-ils faire encore une Encyclopédie,
Ou, comme Diderot, signaler leur folie,
En jetant leur perruque au nez des souverains !

Ces vers, le dernier sur-tout, ont grand

besoin d'un commentaire ; c'est encore M. Delille qui en fera les frais : « Diderot, me
dit-il, se trouvait à la cour de Russie ;
Catherine II, voulant lui faire une galanterie,
l'emmena dans une galerie, au fond de
laquelle on voyait le buste de ce philosophe.
« Connaissez-vous cette tête, lui dit-elle ? —
Oui, madame, répondit Diderot; mais permettez-moi d'avoir avec ce buste une par-
faite ressemblance. » A ces mots, il tire
brusquement sa perruque au nez de Catherine, et lui couvre tout le visage de poudre.
« Remettez votre perruque, lui dit froidement l'impératrice, et soyez un peu moins
prompt dans vos mouvemens. »

Barthe, ou la mort peu glorieuse.

BARTHE, pour une jeune actrice,
Poussa de vains soupirs et mourut de langueur :
« La belle mort ! dit-elle avec beaucoup d'humeur !
        Par un plus noble sacrifice,
N'eût-il pas mieux valu mourir aux champs d'honneur ? »

Il n'y a de vrai dans cette épigramme que
le motif de la mort du malheureux *Barthe*,
auteur des *Fausses Infidélités*, et sans doute
jouet des véritables.

Cérutti, ou le mérite récompensé.

Dans leur solitude éternelle,
Que des savans obscurs Lacaille et Cassini
Aient leur nom presque enseveli
Près de l'Observatoire, au coin d'une ruelle,
Ils ont bien parmi nous mérité cet oubli ;
Il n'appartient qu'à *Cérutti*
D'étaler de son nom la pompe triomphale
Sur un des plus beaux murs de cette capitale ;
Cérutti, dans son tems, le premier des mortels
Par ses divins écrits et par sa bienfaisance ,
Chez un peuple toujours plein de reconnaissance,
Doit avoir les premiers autels.

Le Français , toujours reconnaissant, s'est fait, depuis quelque tems, une gloire de signaler sa gratitude envers les hommes qui l'ont servi et honoré , soit dans les combats, soit dans la carrière des sciences et des lettres; s'il n'a pu les placer tous au Panthéon, du moins il a mis leurs noms au coin des rues nouvelles qu'il bâtissait dans les grandes villes. Peut-être cette manière d'honorer les morts est-elle encore plus utile que toute autre , en ce qu'elle présente sans cesse aux passans de beaux modèles à imiter.

Parmi ces illustres *affichés*, il en est beaucoup sans doute qui ont mérité cette distinction, et l'homme le moins instruit est forcé d'en convenir; mais il en est un dont les titres à cette élévation ne paraissent pas aussi légitimes; c'est l'ex-jésuite *Cérutti*. Il fut comblé de bienfaits de la part de M. de Calonne, et ce ministre fut à peine disgracié, que M. l'abbé fit contre lui une brochure sanglante, intitulée : *Mes dix-sept Observations.* Voilà son premier titre.

Le second fut vraisemblablement un opuscule intitulé : *Justification des Jésuites*, pulvérisé par un autre opuscule de d'Alembert sur le même sujet.

Le troisième fut un poème sur les *Echecs*. D'autres ajouteraient l'honneur d'avoir été député à l'Assemblée nationale et d'être mort dans son sein; mais ce titre ne paraîtrait plus suffisant depuis que *l'Ami du Peuple*, malgré son apothéose ordonnée par un décret de ses collègues, fut précipité du Panthéon dans un égoût.

Quoi qu'il en soit, l'italien Cérutti a son

nom en évidence dans un des quartiers les plus vivans de Paris, tandis que Lacaille et Cassini restent cachés à tous les yeux dans deux ruelles du quartier d'Enfer.

L'heureuse Réclusion.

Des richesses d'autrui composant sa richesse,
Un financier faillit : grand bruit, mainte promesse.
Qu'arriva-t-il ? Surpris dans ses retranchemens,
    Une sentence bienfaisante
Seulement en prison le cloua pour deux ans :
« Dieu soit loué ! dit-il d'une voix triomphante,
Je reçois aujourd'hui la plus douce leçon ;
    Pour deux ans de réclusion,
    J'ai deux cent mille francs de rente.

L'honnête homme qui m'a fourni le sujet de cette épigramme, m'en voudra peut-être de n'avoir pas répété littéralement ce qu'il dit en apprenant qu'il venait d'être condamné seulement à deux ans d'emprisonnement : je m'empresse de rétablir son texte avec d'autant plus de plaisir, qu'il peint à merveille son caractère : « Coup d'épée dans l'eau ! deux ans de détention et deux cent mille livres de rente. »

Le Médecin sorcier.

CERTAIN docteur des plus galans ,
Que la chronique a mis au rang des charlatans
Malgré tout le clinquant de sa haute science ,
S'était fait, dans Paris, un nom des plus brillans.
    Il avait l'art de connaître d'avance
    Les effets de chaque ordonnance :
« Cette nuit, tant soit peu vous avez sommeillé :
C'est la force du mal qui vous a réveillé ? »
-Oui, monsieur le docteur. - Point d'appétit encore?
Un œuf frais, cependant, une heure avant l'aurore,
    Vous eût peut-être fait plaisir?
— C'est vrai. — Que n'avez-vous contenté ce desir?
    C'était un vœu de la nature ;
    Cet œuf frais vous eût fait dormir.
    Mais avouez ce que je conjecture ;
Dans un petit accès n'avez-vous point rêvé
Qu'au fond de votre parc un cerf s'était sauvé?
— Oui. — Puis que préparés par une main habile
    Deux œufs de coq donnés fort à-propos
    A certaine dame stérile ,
L'avaient fait dans neuf mois mère de deux jumeaux?
-Oui, monsieur le docteur.-Certes, j'en suis fort aise ;
Mon art , vous le voyez, n'est point une hypothèse
    Et tous en chœur de s'écrier :
    C'est un sorcier, c'est un sorcier !

Or , d'où venait sa prescience?
Des femmes de service il apprenait d'avance
Ce que le malade éprouvait ,
Ce qu'il faisait, ce qu'il disait ,
Son soulagement, sa souffrance ,
Si bien que, de son lit avant qu'il n'approchât ,
Parfaitement il savait son état
Qu'il semblait deviner avec une assurance
Qui lui donnait plus d'importance.
Le tems, toujours bavard, démasqua ce Purgon.
Pour des secrets de cette espèce
Il fit souvent mainte promesse ,
Mainte promesse de gascon ;
Dix fois trompée , une tendron ,
Aux yeux d'une avare duchesse ,
Eventa la mèche et soudain
Du grand prophète médecin
La renommée , enfin connue ,
S'en fut comme elle était venue.

Beaucoup de médecins se sont fait une haute réputation , et ont acquis une fortune considérable , sans que personne ait connu la cause de leur vogue. Une personne digne de soi , anciennement attachée à la duchesse***, nous a raconté l'anecdote suivante , concernant le célèbre docteur***. Le premier soin de ce disciple d'Esculape fut toujours de gagner d'abord les bonnes grâces des valets et des femmes de chambre; il avait pour cela une recette infaillible, et savait à-propos placer *gratis* chez eux des fonds, dont leur maîtresse lui payait l'intérêt à mille pour cent. Madame la duchesse tombait-elle malade, le médecin aussitôt accourait, ordonnait des remèdes plus ou moins douteux, et presque toujours pour le soir ; le lendemain il se rendait de bonne heure à l'hôtel, avait une entrevue avec la femme de chambre. — Comment madame la duchesse a-t-elle passé la nuit ? mes remèdes ont-ils bien opéré ? — La femme lui rendait compte de tout ce qu'elle avait vu et entendu auprès de sa maîtresse ; tout cela sous le sceau du secret.

Le docteur instruit à fond du passé et du présent, s'avançait gravement vers le lit de la malade, lui tâtait le poulx, et, sans l'interroger en aucune manière, lui rapportait avec les plus petits détails tout ce qu'elle avait éprouvé pendant la nuit, et ce qu'elle éprouvait encore. La duchesse une fois guérie ne manquait pas de répandre partout que son médecin était unique, qu'il ajoutait à ses talens de docteur ceux du sorcier le plus habile.

A cette ruse, ce disciple d'Esculape en joignait encore une autre ; il apostait à côté de sa porte cochère un homme qui, vers deux heures après minuit, criait de toutes ses forces : « M. le docteur ! M. le docteur, on vous demande, M. le docteur !... Nous n'aurons donc pas ce célèbre médecin ? Des voisins importunés par ces cris surveillèrent ce criard, et s'apercevant du stratagême, faillirent à le rouer de coups de bâton.

Dans cette épigramme, le docteur parle de l'efficacité de deux œufs de coq. Voici l'anecdote relative à ce sujet.

L'abbé Spallanzani prouva en 1787, par une expérience publique faite à Rome, que l'on pouvait engendrer sans le concours des deux sexes ; mais c'était un savant. Une vieille femme d'un village français n'a pas atteint tout-à-fait le même but, mais elle a trouvé une recette qui mérite d'être connue de toutes les dames.

L'épouse du premier magistrat d'un département n'avait d'autre vœu à former pour être complètement heureuse, que celui d'avoir des rejetons de l'union la mieux assortie ; elle n'avait encore que vingt ans, mais un excès d'embonpoint, que rien ne pouvait diminuer, semblait la menacer d'une stérilité perpétuelle. Une fruitière du chef-lieu de ce département, qui connaissait le secret de la vieille femme, alla la trouver, et lui dit : « Vous avez des œufs de coq ? — Oui. — Portez-en deux à M. le P.....; il vous les paiera chacun douze francs : il y a bien long-temps qu'il en cherche pour son épouse. »

La vieille accourt : « M. le P....., tenez, voilà les deux œufs que vous demandez ; ils ne sont pas chers à douze francs pièce. » Le magistrat se doutant du tour qu'on lui jouait, reçoit et paye les œufs, mais il veut savoir qui a conseillé à cette femme de les lui apporter. — « Votre fruitière, dit la vieille. » Aussitôt il fait mettre en état d'arrestation la marchande qui avait osé exposer le fonctionnaire le plus respectable d'un département à la risée publique; mais quelle fut sa surprise, lorsqu'au bout de neuf mois, à dater du jour où son épouse avait mangé les deux œufs, elle accoucha de deux beaux et gros jumeaux !

Il n'y a pas encore cinq ans que cet évènement a eu lieu.

Vœu secret d'un empereur d'Allemagne pour la papauté.

Horace a fort bien dit, et chacun est d'accord
Que nul homme ici bas n'est content de son sort ;
De ses vaines grandeurs Charles-Quint moins avare
Echange son manteau pour le froc monacal ;
Joyeuse est tantôt moine et tantôt général,
Et Maximilien marchande la Thiare.

Cette anecdote concernant Maximilien Ier.
est puisée dans une lettre également rare et
curieuse de cet empereur à sa fille Marguerite,
archiduchesse d'Autriche ; il y exprime fort
au long son desir d'arriver à la papauté,
d'être mis, après sa mort, au rang des saints,
et honoré comme tel ; il y indique même les
moyens de gagner les suffrages des cardinaux.
Nous la rapportons en entier à la fin de l'ouvrage. *Voyez* le n°. 2.

Différence entre Piron et Cailhava.

L'AUTEUR de la Métromanie,
De son propre aveu, ne fut rien ;
Pour être au moins académicien,
Le gascon Cailhava montra plus de génie,
Fit une énigme seul, ou peut-être en partie,
Se battit en Hercule, et fut homme de bien.

M. de Cailhava que les lettres viennent de perdre à un âge fort avancé, fut, dès sa jeunesse, aussi habile à manier l'épée que la plume, et, comme le baron de Trenck, il porta quelquefois sa passion pour l'escrime un peu trop loin ; voici, à ce sujet, une anecdote inconnue.

Il se promenait un jour aux environs de Paris avec M. *Chanlaire*, riche propriétaire, son ami ; tout-à-coup ils rencontrent dans un endroit assez isolé deux jeunes freluquets qui se battaient, ou plutôt faisaient semblant de vouloir se battre en duel ; ils s'avançaient l'un sur l'autre, mais sans se frapper ; Cailhava les regarde, hausse les épaules, s'approche et prend à chacun d'eux son épée, en remet une à Chanlaire, se met en garde, et se tournant vers les deux champions : « Lâches, apprenez la manière dont on se sert des armes ! » Aussitôt il porte à son ami une botte que celui-ci a l'art de parer ; il en porte une seconde qui blesse M. Chanlaire. « Ami, lui dit le blessé, quittant brusquement le théâtre du combat, donnez à ces messieurs la leçon si vous voulez, mais veuillez bien songer que je ne suis plus à l'école. » Heureusement la blessure ne fut point dangereuse. C'est d'un intime ami de M. Chanlaire que nous tenons cette particularité.

A la mort de l'abbé de Boismont, Cailhava fut un des trois candidats qui disputèrent son remplacement à l'Académie française ; les deux autres étaient Vicq-d'Azyr en Rhuillière, qui fut nommé. Un de ses premiers titres pour obtenir le jeton académique, fut, dit-on, l'énigme suivante, qui peu d'années auparavant, avait fait le désespoir de tous les Œdipes de la capitale, et dont le mot se trouve aujourd'hui par-tout :

Devine-moi, lecteur, je suis dans l'univers,
Sans paraître en Europe, en Asie, en Afrique,
   Encore moins en Amérique;
Si tu veux refuser, doublement je te sers
Et doublement encor lorsque quelqu'un te donne;
Sans être en Portugal, je me trouve à Lisbonne,
Toujours dans les prisons, et jamais dans les fers;
   J'occupe le milieu du monde,
   Mais, par un contraste nouveau,
   Je nage dans le sein de l'onde,
   Et je fuis toujours l'eau.

Cette pièce toute courte qu'elle est, fut regardée comme supérieure à beaucoup de longs poëmes, dont le Parnasse français était alors inondé, notamment à celui de *Tangu et Félime* (1), qui, joint à quelques autres ouvrages de *La Harpe*, leur auteur, commença la ruine du libraire *Pissot*.

Ce qui devait le plus flatter Cailhava, au sujet de la célébrité que lui procurait cette énigme, c'est qu'au moins aucun savant ne la lui disputait. Il n'en était pas de même de ses comédies, dont M. l'abbé MONESTIÈS,

____

(1) C'était un poëme de La Harpe, en quatre chants, orné de gravures, que le malheureux libraire essaya de vendre 3 liv. 12 sous.

précepteur des enfans de M. de Thélusson,
pouvait, de l'aveu confidentiel de cet abbé,
revendiquer une partie ; et cependant le public n'a reconnu pour auteur de ces pièces,
que Cailhava.

Esquisse du tems gothique.

Oh ! les bons tems que les vieux tems gothiques !
Les uns couraient le monde en nobles chevaliers ;
D'autres, modèle heureux de vertus domestiques,
Aspiraient, tout au plus, au rang de marguilliers.
Les arts, amis des mœurs, à des regards pudiques
N'osaient point étaler leurs chefs-d'œuvres cyniques.
Nul auteur ne baillait, surpris de ses lauriers,
    Sur des fauteuils académiques,
Et l'on ne craignait point ces Colins fameliques
Qui nous vendent si cher leurs rêves d'écoliers.
Des soins très-importans occupaient leurs guerriers;
    Dans leurs campagnes héroïques
Ils poursuivaient les Vaudois, les sorciers,
Que l'on exterminait comme pestes publiques,
    Tandis qu'au *pré de sept deniers,*
Les jours de fête, en chantant des cantiques,
Les saints inquisiteurs brûlaient les hérétiques.

Les deux vers qui retracent le respect que

les arts avaient jadis pour les mœurs, rap-
pelleront peut-être la fameuse querelle qui
s'est élevée de nos jours entre des artistes et
des pères de famille , concernant l'exposition
des statues *in naturalibus*. Comme les mœurs
doivent l'emporter sur quelques considéra-
tions relatives aux arts , l'Hermite n'a point
fait difficulté de se déclarer contre cette
nudité.

Quant au *pré de sept deniers* et au supplice
des Hérétiques , *voyez* le n°. 3.

Comparaison entre Achille et Gardel.

D'ACHILLE et de Gardel on ferait sans injure
    Une juste comparaison ;
    L'un d'eux périt d'une blessure
    Au bout du pied , l'autre au talon.

Gardel revenait le 5 mars 1787 de l'école
de l'Opéra ; un os jeté dans la rue perça son
soulier et un doigt du pied; la blessure de-
vint si envenimée , que la jambe grossit, se
remplit d'eau , et ne tarda pas à présenter
des symptômes de gangrène. La fièvre pu-

tride se déclara , et le favori de Terpsichore partit pour l'Elysée.

Les plaisans comparèrent la mort de Gardel à celle d'Achille : ce dernier périt d'une blessure au talon , et le maître de danse d'une blessure à un doigt du pied ; tous deux, disait-on , ont terminé leur carrière en héros, l'un des champs de Mars, l'autre de Cythère.

~~~~~~~~~~~~~~~~~~~~~~~~~~~~~~~~~~~~

La Boutiquière , élève de La Harpe.

Dans sa douillette enveloppée,
Lise , à son comptoir échappée,
Toute seule allait à grands pas ;
Suzon veut lui parler. — « Oh ! ne m'arrête pas,
Ma fille ! je suis si pressée !
Je devrais être loin d'ici ;
Bien vite j'accours au Lycée,
Où La Harpe fait aujourd'hui
D'une *pelotte* une *poupée.* »

En décembre 1786 , une dame du Lycée rencontra une de ses amies qui voulait l'entraîner chez sa marchande de modes, pour y voir un chapeau d'un nouveau goût. La
~~~~~~~~~~~~~~~~~~~~~~~~~~~~~~~~~~~~

femme lycéenne s'y refusa , alléguant qu'elle courait bien vîte à la leçon de La Harpe. — « De la Harpe ! dit la bonne amie, est-ce qu'on joue au Lycée de cet instrument? » — Non pas, non pas; c'est ainsi qu'on appelle un académicien qui enseigne la littérature. Je vous quitte pour aller l'entendre ; il parle aujourd'hui sur les *pelottes* et les *poupées*. La Harpe devait entretenir son auditoire de *Plaute* et de l'*Epopée.*

Leçon donnée par un Enfant à son Maître.

Un vieux instituteur qu'on appellait Pancrace ;
    Avec une horrible grimace ,
Disait, le poing tendu sur le nez d'un enfant
    Qui se trompait en épellant :
« Vous mériteriez bien que je vous écrasasse. »
L'enfant regarde et voit sur le front du pédant
Une mouche qui vole et le pique sans cesse :
« Mon maître, lui dit-il, souffrez qu'auparavant
Je chasse avec ma main la mouche qui vous blesse. »

Les mot *que je vous écrasasse* sont d'un nommé *Marre* , autrefois maître es-arts et de pension dans une ville de province. Il ne savait presque rien ; mais le peu qu'il savait, il avait l'art de le communiquer à ses élèves, par une partie du corps à laquelle il n'est plus permis de toucher. C'était un vrai cyclope ; tous les matins il faisait une tournée dans ses classes , affublé d'une vieille robe de chambre, dans laquelle il enveloppait successivement entre ses cuisses la tête d'une douzaine d'enfans condamnés à passer par les verges.

La prière que lui fait ce petit enfant, est une fiction morale et une leçon d'humanité, qui peut s'adresser à tous les maîtres sujets à des emportemens aussi ridicules qu'impolitiques.

Amon et Damon.

Damon craint qu'on ne le confonde
Avec *Amon* , cet écrivain
De qui la muse trop féconde,
Sur le Parnasse vagabonde,
A fait, dit-on, trop de chemin.

Que le bonhomme se rassure ;
Avec personne , je le jure,
Il ne peut être confondu ;
Car, pour essuyer cette injure,
Encor faut-il être connu.

Noli sacra tangere. On doit s'adresser directement à l'Hermite de la Chaussée du Maine, pour avoir la clef de cette épigramme.

~~~~~~~~~~~~~~~~~~~~~~~~~~~~~~~~

Etrange motif d'une extase.

Au café de Zoppi, dans un de ces momens,
    Où les papiers périodiques
    Annonçaient des fêtes publiques
    Pour des triomphes éclatans,
    Où les oreilles attentives
Et de plaisir les yeux tout pétillans,
    Jusqu'en des pièces fugitives,
Cherchaient tous les détails de ces événemens,
Sur un de ces papiers Purgon qui s'extasie,
    De son coin s'élance et s'écrie :
« Il n'est rien de si beau, non, rien de si parfait ;
Quel homme! quels morceaux! quelle touche divine!»
On l'interroge, on veut connaître son secret ;
Quel fut l'étonnement ! le bonhomme lisait
    Un article de médecine,
~~~~~~~~~~~~~~~~~~~~~~~~~~~~~~~~

Ce trait est arrivé à la fin du mois de
mai 1813.

~~~~~~

Prière d'une dame à M. Villiaume.

J'AI trente mille écus comptant
Et trente mille en espérance :
Je veux au moins l'équivalent ,
Monsieur Villiaume, en conscience
Mariez ces sommes d'argent.

On a fait la juste observation que , dans
tous les mariages que proposait M. Villiaume,
il fallait que la future qui se mettrait sur les
rangs eût une dot équivalente à la fortune de
l'aspirant ; il est vrai que ce ne sont pas là de
ces assortimens provoqués par une ancienne
liaison , où la naissance et la vertu sont
comptées pour quelque chose.

Quoiqu'il en soit, on doit bénir cet homme
bienfaisant, qui , dans une capitale où il est
si difficile de contracter des liaisons, a su
rapprocher et béatifier *impromptu* des cœurs
qui, sans lui, n'auraient jamais eu le bonheur
de se connaître.
~~~~~~

L'Enfant heureux en donations.

PLAIGNONS le plus beau des enfans !
Plaignons la plus tendre des mères !
Légataire deux fois de tant de mille francs,
Il a péri dans son printems,
Sans avoir su le nom du meilleur de ses pères.

Ce fut une perte publique que celle du jeune prince de Longueville ; il avait beaucoup d'esprit et de grandeur d'ame, et surtout une libéralité peu commune ; il laissa par son testament cinq cent mille livres sur ses meubles, à un enfant de la maréchale de la Ferté, baptisé sous son nom, et du consentement de la mère ; mais une chose bizarre, c'est que, six mois après, M... fit, à ce même enfant, par tendresse pour sa mère, une autre donation de deux cent mille francs, sachant bien qu'il était de M. de Longueville. Mais l'enfant mourut sans avoir connu ses bienfaiteurs.

Un jeune avocat de province qui vient de mourir aussi, laissant une fortune considérable, a cru devoir imiter en partie l'exemple de ces donataires ; il a légué presque tous ses biens à sa maîtresse, au grand regret de sa famille. Quoiqu'il en soit, on ne saurait trop conseiller aux célibataires d'imiter cet exemple ; il y aurait beaucoup moins d'enfans trouvés et de vierges malheureuses.

Triste sort d'un Duc qui n'a plus d'habit.

Qui dit, tel père, tel enfant,
Se trompe à coup sûr bien souvent ;
C'est à la fleur de ses années
Que le fils d'un grand conquérant
Robert, en son dérèglement
Dans son lit, oubliant ses hautes destinées,
Perdait les plus belles journées.
Mais pouvait-il faire autrement ?
Il n'était point Robert le diable,
Et le pauvret alors était bien excusable ;
Car tel était son dénûment,
Qu'il n'avait point de vêtement.

Robert, fils de Guillaume le Conquérant, avait si peu d'ordre dans ses affaires, qu'il se laissait voler par ses domestiques jusqu'à ses

vêtemens ; ce qui l'obligeait à passer des
journées entières dans son lit.

~~~~~~

L'*Auteur en voyage et le Gendarme.*

>   Dans un vieux sentier solitaire,
>   Un gendarme trouva naguère
>   Un petit jeune voyageur
> Seul, à pied, les regards attachés à la terre,
> Pensif, comme occupé d'une très-grande affaire ;
> Il l'aborde et s'écrie : « Alte là ! vos papiers !
> — Tenez ! — Bon, vous voilà bien loin de vos foyers !
> Vous venez de Paris ? — Oui. — Vous allez à Rome ?
> -Oui. -Seul à pied ! -Oui, vous dis-je. -Quel homme !
>   Ne craignez-vous point qu'un voleur
> Vienne vous demander, ou la bourse, ou la vie ?
> — Non. — Mais tout seul à la fin l'on s'ennuye.
> — Moi m'ennuyer ! Ah ! quelle est votre erreur !
>   Je n'ai d'ennui qu'en compagnie,
> Adieu ! Le brigadier riant de tout son cœur,
> Lui dit : « Je le vois bien, vous êtes un auteur. »

L'Hermite de la Chaussée du Maine n'a
pas toujours vécu dans son hermitage ; il a
passé une grande partie de sa jeunesse à
voyager. En 1785, comme il retournait de
Rome à Paris, il fit, dans le Bugey, la ren-
~~~~~~

contre de ce brigadier de maréchaussée , et ils eurent entr'eux une conversation telle qu'elle est rapportée dans l'épigramme. La seule chose qui manque au récit de cette aventure , c'est que le brigadier surpris du laconisme original des réponses du voyageur, le força de dîner avec lui.

~~~~~~

Baïardi , ou *l'Antiquaire pris en défaut.*

BAÏARDI, justement surnommé le bavard ,
Ainsi que la plupart de ses doctes confrères
    Les bons et féaux antiquaires ,
Raisonnait , écrivait et parlait au hasard.
Un jour que d'un Français il reçut la visite,
De Caylus amplement il vanta le mérite :
« C'est, dit-il , mon auteur, la fleur de mes amis. »
A peine il achevait , que, jouet d'une absence ,
    D'une voix basse , en confidence,
Il apostrophe ainsi l'auteur d'Anacharsis :
« Quel est-il ce *Caylous* , et quels sont ses écrits ? »

Dans la neuvième lettre de Barthélemy au comte de Caylus, on lit ce passage, au sujet de son entrevue avec Baïardi : « J'ai débuté par des complimens de votre part ; aussitôt
~~~~~~

grandes exclamations : *Mon bon ami , mon-*
seigneur le comte ! ah ! che bravo huomo ! che
l'amo bene ! loui es moun millour amico ;
andaro in francia pour le voir.

Après ces exclamations , Baïardi finit par
demander tout bas à Barthélemy ce que
c'était que le comte de Caylous , ce qu'il
avait fait. » (*Voyez* le n°. 4.)

Livre inconnu dans le monde , et dont la
vente a produit plusieurs millions.

De nos jours, Jean-Jacques, Voltaire ,
Avant eux Fénélon, même Pantagruel,
   Ont enrichi plus d'un libraire :
Ces auteurs à-la-fois savent instruire et plaire.
Un livre seulement, qui n'est point immortel,
Qui jamais au lecteur ne ravit un sourire,
Dans l'ombre, à longs flots d'or, a pu se reproduire,
   C'est d'un prélat le rituel.

Dans le courant du dernier siècle , la vente
des Œuvres de Voltaire, de J.-J. Rousseau ,
de Buffon, de Raynal ont produit des sommes
très-considérables ; mais c'était une collection en plusieurs tomes ; il existait alors un

ouvrage en un seul volume , qui peut-être a rapporté plus encore que chacune de ces collections , s'il faut en croire ce qui est annoncé dans la lettre suivante :

Le 17 décembre 1786.

« L'avis de M. Séguier à l'égard du Rituel, est que les prélats devraient bien être les maîtres de faire de nouveaux Rituels , à condition d'envoyer en présent un exemplaire de ce livre à chacun des curés de leur diocèse. Mais on sait aussi que le renouvellement des Rituels est très-lucratif. On prétend que celui de M. de *Vintimille* a produit depuis son existence jusques à ce moment une recette d'environ six millions. »

Cet avis de M. Séguier fut provoqué par la dénonciation que M. Duval Desprémenil avait , dit-on , faite du Rituel de M. Leclerc de Juigné.

Ce même magistrat venait de dénoncer aussi à sa compagnie les Œuvres de *Voltaire*, imprimées au fort de *Kell*. Ce qui fit dire aux plaisans que ce conseiller ne savait guère de quelle secte il était , puisqu'il déclamait contre la philosophie et contre les ouvrages de religion.

L'Hermite et le Pâté.

Un jour la dame Aragon
Vit du haut d'une colline
Qui dominait sa maison ,
Descendre dans sa cuisine
Un hermite , vrai glouton ,
Dont la bedaine effroyable
En un clin-d'œil, sans indigestion ,
Engloutissait tous les méts d'une table.
Dans son armoire aussitôt
Elle enferme un pâté chaud ,
Méts friand , dont le bon frère,
Avec sa faim de chasseur
Et son ventre de sapeur ,
Eut bientôt fait son affaire.
Il arrive , et d'un ton que chercherait en vain
Le plus adroit patelin :
« *Ave* , dit-il , ma belle dame ! »
Et puis faisant les yeux doux :
« Que le Seigneur soit toujours avec vous ,
Et la paix au fond de votre ame !
— Je vous en dirai tout autant,
Frère , mais vous venez dans un mauvais moment ;
C'est le milieu de la semaine ;
Nous n'avons rien. — Te voilà bien en peine,
Maman , dit un enfant gâté,
Nous n'avons rien ! — Non rien. — Et le pâté ? »

L'enfant gâté qui commit cette indiscrétion, se nommait *Pepou Joucaviel*; il était
natif d'un village du département de l'Aveyron. Il embrassa l'état ecclésiastique, fut bon
prêtre, bon ami, et périt malheureusemen
pendant la révolution.

~~~~~~

Ingénuité de madame de Puisieux, ou l'Homme à deux femmes légitimes.

On racontait un jour devant la jeune Ercide
Qu'un seigneur allemand, un véritable Alcide,
    Avec une seule moitié
Ne pouvant qu'à demi satisfaire sa flamme,
   Sans offenser l'hymen ni l'amitié,
    Avait, pour le bien de son ame,
Obtenu du Saint-Père une seconde femme:
   « Hélas, dit-elle en soupirant,
Il n'est plus de mari comme cet allemand. »

Ce trait d'ingénuité est de madame de
Puisieux; je l'ai trouvé dans un recueil de
lettres manuscrites.
~~~~~~

Les Services récompensés , ou la Tolérance
des disciples d'Esculape.

Dans les environs de Dublin
Barett non-seulement faisait la chasse aux diables ,
Il guérissait encor des maux presque incurables ;
Il osait les guérir, sans être médecin.
De par la faculté, pour ses soins charitables,
Il fut pris, poursuivi, puni comme assassin.

En 1806, on arrêta près de Dublin , un
individu qui s'attribuait le don des miracles ,
et guérissait les maladies les plus opiniâtres ;
il se nommait Barett , était âgé de soixante-
quatorze ans , portait une longue barbe , et
le costume d'un hermite. Il avait inspiré au
peuple une confiance sans bornes. Au moment où on le conduisait en prison , il se
rassembla une foule considérable de spectateurs qui le suivirent , en gardant un morne
et respectueux silence. Ce vieillard ne fut pas
plutôt enfermé , que beaucoup de personnes
se présentèrent à la porte de la prison , pour
réclamer les soins du seul médecin qui pouvait les guérir de leurs infirmités.

5.

Une jeune dame se faisait sur-tout remarquer par ses larmes, ses cris et ses prières. On ne put résister à ses instances, et elle obtint la permission· de toucher la robe du saint homme. Barett fit sur elle, avec une gravité doctorale, la cérémonie de l'exorcisme, et assura que, si le démon avait pu s'emparer une fois de cette belle dame, il n'y reviendrait plus à l'avenir. Interrogé s'il lui était réellement arrivé de déloger le diable du corps de quelqu'un, il répondit d'une manière affirmative; il ajouta qu'avant de le chasser, il le voyait distinctement remuer et s'agiter dans le corps de celui qui en était possédé! Après un assez long examen, on désigna la maison de correction comme la prison la plus convenable pour un homme de cette espèce.

Les poursuites furent faites par les médecins qui se crurent intéressés à empêcher que cet intrus ne guérît les malades.

Châtiment d'un Buveur gascon, pris en flagrant délit.

CERTAIN gascon, Normand, ou pis encore,
Sur le quai Saint-Bernard, une tasse à la main,
Allait assidûment, au lever de l'aurore,
Goûter et marchander maintes pièces de vin
Dont aucune jamais ne faisait son affaire :
   Son goût n'était point ordinaire ;
C'étaient tantôt le prix, tantôt la qualité
   Qui ne l'avaient point contenté ;
   Si bien que, chaque matinée,
   Gratis jusqu'à satiété,
Il buvait, il buvait pour toute la journée.
Les malins, quelqu'ils soient, sont connus tôt ou tard.
  Ce gourmet du port Saint-Bernard,
De nos marchands bientôt éprouva la vengeance.
Les dupes font entr'eux un pacte d'alliance ;
On le guette, on le voit, on l'entoure, et soudain
   A le punir chacun s'apprête :
— « Rends à chacun de nous, rends-nous une feuillette !
— Mais, messieurs, je n'ai bu qu'un verre à demi-plein.
   — Rends, ou tu meurs de notre main ».
On le prend à la gorge ; aussitôt il s'écrie,
   Pâle et tombant à leurs genoux :
   « Arrêtez ! laissez-moi la vie ;
  Feuillette, argent, tout est à vous ».

En 1791 , l'héritier d'un ecclésiastique compatriote et collaborateur de Cailhava vint à Paris recueillir cette succession. Comme il y trouvait le vin beaucoup plus cher que dans sa province , il s'avisa, pour en boire gratis et à sa volonté, d'employer l'expédient dont il est parlé dans l'épigramme. Quant à la punition , il fut averti assez tôt du danger qu'il courait pour s'y soustraire.

L'Usurier qui trouve le paradis trop cher.

Un usurier, voisin de la Garonne ,
Mourant presque de faim sur des monceaux d'argent,
Venait de recevoir le dernier sacrement ;
Son curé l'exhortait : « Votre fortune étonne ,
Mon fils ; vous avez pris un intérêt trop cher ;
Et, pour vous dérober aux flammes de l'enfer,
Il faudrait, en mourant, ne devoir à personne ,
Restituer.... — Combien ? — Près de mille louis.
— Mille louis ! que Dieu me damne ou me pardonne,
     L'argent est trop rare ; à ce prix
     Je laisse là le paradis. »

Cette dernière pensée est forte , mais elle est vraie, du moins en grande partie·

(109)

Un marchand de cuirs du département de
l'Aveyron, homme très-avare et grand usurier, dans une maladie qui lui causa la mort
eu 1811, consentit, d'après les instances de
son confesseur, à restituer quelques modi-
ques sommes d'argent, et à payer quelques
messes pour le repos de son ame; mais le curé
lui ayant demandé quelque bagatelle pour
les besoins de l'Eglise, le moribond refusa net:
« J'ai fait plus que je ne pouvais, lui dit-il,
je ne puis plus rien donner, l'argent est trop
rare maintenant. » Il expira quelques minutes
après, laissant dans son coffre des quadruples
et autres pièces d'or en très-grande quantité:
tant il est vrai qu'il vaut mieux vendre des
cuirs que des livres !

Le Supplice d'un auteur.

Cet auteur qu'on ne connaît guère,
Magot vient d'obtenir une croix étrangère!
    Qu'a-t-il fait pour la mériter?
Rien ; de toutes les croix ce sera la plus chère ;
Car il est, m'a-t-on dit, forcé de la porter.

Ce qui manquait au plus heureux des Chiens.

Un barbet noir assez joli
De Zoé faisait les délices ;
Macarons, biscuits, pains d'épices,
Sucre, pas si cher qu'aujourd'hui,
Rien n'était épargné pour lui ;
Qui voulait plaire à la maîtresse,
    Auparavant, du favori
Devait vanter la gentillesse.
Pour s'acquitter de ce devoir,
L'homme instruit n'avait qu'à vouloir ;
Mais un enfant sans art et sans expérience,
    Que pouvait-il dire en ces cas ?
    Aussi quel fut mon embarras
    Quand, neuf ans après ma naissance,
    Un vénérable précepteur,
    Un vieux curé de bonne humeur,
    Jouissant de ma gêne extrême,
    Devant la maîtresse elle-même
    Du vilain chien qui me narguait,
    Sans se douter de mon blasphème,
Me dit : « Que penses-tu de ce joli barbet ?
— Ce que j'en pense, moi ? Que, pour être parfait,
    Il ne lui faut que le baptême. »

A l'âge de neuf ans, l'Hermite futur fut

invité avec le curé son mentor, chez M. Daudenof, chevalier de Saint-Louis, dont l'épouse idolâtrait un barbet; pour plaire à la dame, il fallait, suivant l'usage, faire la cour au petit monsieur. Quel embarras pour un enfant qui ne savait encore que servir la messe et chanter le *dies iræ!* Cependant il fallut à son tour payer son écot; « Que pensez-vous, lui dit l'hôtesse de mon barbet? — Madame, pour être le premier de tous les chiens, il ne lui manque que le baptême. »

~~~~~~

Le Baiser d'un roué.

Qui vécut comme un tigre est un tigre en mourant.
　Un scélérat sur la roue expirant,
Dit à son confesseur : « Donnez-moi, mon cher père,
　Un doux baiser ; je mourrai plus content. »
Le bon père obéit ; mais qui pourrait le croire ?
Le monstre, en le baisant, emporta sa mâchoire.

Beaucoup de spectateurs furent témoins de cette atroce perfidie, qui eut lieu dans une exécution faite à Toulouse, vers le milieu du dernier siècle.
~~~~~~

~~~~~~

Le Diable qu'on voit le plus souvent.

Pour vous procurer de l'argent,
Vous implorez un diable bienfaisant!
Pas un ne vous répond; et cela vous étonne!
Il n'est point de diable qui donne.
Le seul qu'on voit, et qu'on voit trop souvent,
C'est toujours le diable qui prend.

Un seigneur, ruiné par le jeu, alla trouver une bohémienne, et, suivant son conseil, il invoqua le diable pour avoir de l'argent : dans ses prières, il faisait des cérémonies aussi ridicules que puériles. « Vous perdez votre tems, lui dit un bon vieillard : j'ai vu les diables de toute espèce ; il n'y a point de diable qui donne ; le seul que je connaisse le mieux est celui qui prend.
~~~~~~

~~~~~~

Grosley, et le Petit Joueur à la balle.

Enfans , jouez, mais travaillez !
Ainsi parle un mentor enclin à la censure,
Et moi, plus près de la nature,
Je dis : « Enfans travaillez, mais jouez !
Qui pourrait de vos jeux montrer tout l'avantage ?
Il en est un sur-tout peu connu de votre âge ;
Au bon joueur la fortune sourit,
Pour le prouver, un seul trait me suffit. »
Dans une fête de village,
En jouant à la balle , un misérable enfant ,
De sa petite main fit un coup si brillant,
Qu'il enleva chaque suffrage ,
Qui plus est d'un richard le plus bel héritage,
Tandis qu'un cuistre son voisin,
Uniquement gonflé de grec et de latin,
Un pédagogue enfin , sans grâces , sans usage,
Avec tout son savoir , vécut comme un sauvage,
Et , sans secours , mourut de faim.

Le richard dont il est question dans cette anecdote , est l'académicien *Grosley* , dont on vient de publier un ouvrage posthume. Il vit un jour un enfant si adroit au jeu de la balle, qu'il le fit son héritier.
~~~~~~

Sur le Voyage de Levaillant en Afrique.

Entre Levaillant et Varron,
Lecteur, voici la différence :
L'un, dans l'Afrique a fait son voyage d'avance
En bon chasseur et sans façon ;
L'autre l'a bien mieux fait en France.

On a voulu dans le tems élever des doutes sur l'authenticité de ce voyage, mais à tort. M. *Levaillant* le fit et l'écrivit, mais plus habitué à bien observer qu'à bien rendre ses observations, il choisit la plume de Casimir *Varon* pour les rédiger. Ce choix répondit parfaitement à l'importance de son ouvrage. La rédaction se fit sous mes yeux, d'après l'original manuscrit, composé de plusieurs cahiers in-folio.

~~~~~~

Le Dîner de Sainte-Barbe.

De Saint-Barbe la cuisine,
Avec tant de précaution,
Prévient une indigestion,
Qu'après un court dîner, bloqué par la famine,
Le ventre à jeun demande à quelle heure l'on dîne.

C'est la paraphrase de ce fameux vers d'un élève de l'ancienne maison de Sainte-Barbe :

Post cœnam venter cœnandi interrogat horam.

Il est inutile d'observer que je n'ai entendu parler en aucune manière de la maison actuelle qui porte le même nom.

~~~~~~

Le Bonheur d'un Sourd et d'un Aveugle.

D'un aveugle et d'un sourd connaissez le bonheur !
De nos vilaines entreprises
L'un ne voit pas la perfide noirceur;
L'autre n'entend point nos sottises.

Le Châtiment exercé sur un Livre.

Sur un quai de Paris , en bouquins très-fameux ,
    Naguère un auteur curieux
Déchirait de ses doigts , de sa dent famelique ,
    Un gros volume tout poudreux,
    Dont l'intérieur défectueux
Démentait le clinquant d'un titre chimérique ;
Or quel était ce livre malheureux ?
    Un dictionnaire historique.

La colère de cet auteur n'était point sans fondement ; il n'est point d'ouvrage plus défectueux , moins complet que les dictionnaires historiques qui ont paru jusqu'ici. Il ne serait point difficile de prouver qu'il manque à ces collections françaises des grands hommes une immense quantité de personnages célèbres, sur-tout étrangers. Pour peu qu'on s'enfonce dans l'histoire et la littérature étrangères , on s'aperçoit de ces omissions que de longues recherches et une patience à toute épreuve , jointe à de profondes connaissances bibliographiques , pourraient seules faire disparaître.

~~~~~~

Nouvelle société, dite de Gens de lettres.

De Cartouches et de Mandrins
Une société qu'on surnommait *lettrée*,
S'était fait à Clermont une aisance assurée,
En lançant des mandats sur leurs concitoyens,
Mandats qu'on acquittait à vue et sans quittance
     Pour sauver sa vie et ses biens.
Un seul homme pourtant fit quelque résistance :
C'était un procureur aussi dur qu'un rocher.
Jaloux de son trésor bien plus que de sa vie,
Il aime mieux encor de nouveau le cacher,
Et brave le poison, le fer et l'incendie.

Mais si le procureur est toujours procureur,
     Par une antique sympathie
     Le voleur est toujours voleur ;
On écrit de nouveau d'un ton plus énergique :
« Si mons Gripon, à l'endroit qu'on indique,
Avant la fin du jour n'a déposé cent francs,
C'en est fait de son or, de lui, de ses enfans. »

A de tels argumens il n'est point de réplique ;
     Cet argent est vîte apporté
Par un bon grenadier, en secret aposté.
Vaine précaution ! surveillance inutile !
Le dépôt disparaît sitôt pris que remis ;
     Ce billet doux à sa place est transmis :
~~~~~~

« Gripon, n'échauffe point ta bile !
Tu viens d'obliger tes amis :
Ton or ne passe point en des mains étrangères ;
Ce n'est qu'un partage entre frères. »

Dans tous les tems et dans tous les pays civilisés, on a vu souvent des littérateurs réunir leurs talens pour quelque entreprise considérable d'ouvrages qu'ils publiaient sous le nom d'une *société de gens de lettres* ; plus d'une fois ces sociétés ont beaucoup travaillé et gagné peu. Il s'en forma cependant une à Clermont d'Auvergne, au commencement de 1787, qui ne perdait pas ainsi son encre et ses loisirs. C'étaient des gens fort instruits qui écrivaient aux particuliers de cette ville d'apporter dans un lieu qu'ils indiquaient telle somme d'argent pliée dans un papier. Les auteurs anonymes de ces billets doux ajoutaient que, si l'on n'apportait pas à l'endroit désigné les objets de leur demande, ils puniraient ce refus malhonnête par l'incendie, le fer ou le poison. M. Gauthier osa d'abord refuser ; c'était un procureur : il est si difficile de donner, lorsqu'on n'est accoutumé qu'à recevoir ! Mais enfin, réflexion

faite, il craignit pour son étude, et fit remettre à l'endroit indiqué quatre gros sous
au lieu de quatre louis qu'on lui demandait,
et il eut soin d'aposter une sentinelle qui
veilla toute la nuit, et ne vit personne. Quel
fut son étonnement, lorsqu'à la pointe du
jour elle s'aperçut que les quatre gros sous
avaient disparu, et qu'à la place du papier qui
les contenaient, elle trouva ces mots : « Si,
d'ici à vingt-quatre heures, M. le procureur
Gauthier ne remet pas les quatre louis, il est
mort, et nous brûlons sa maison. » Sur-le-
champ le procureur fit remettre la somme
demandée, eut recours à la force publique;
qui, pendant plusieurs nuits, veilla sur ses
propriétés et sur sa personne. La société
ayant apparemment reçu les contributions
qu'elle avait imposées, et craignant sans
doute d'être obligée de les rembourser, ne
tarda point à se dissoudre. On rit beaucoup
de l'aventure du procureur, et l'on fit courir
le bruit que c'étaient des frères qui se vo-
laient entr'eux.

Origine de la Réputation de quelques Ecri-vains.

> D'un si pitoyable ouvrage
> Un jugement si flatteur !
> Admirez le beau suffrage ;
> Cet éloge est de l'auteur.

Que d'auteurs se sont fait autrefois une assez bonne réputation de cette manière ! Il y avait alors tant de journaux et tant d'amis complaisans parmi les journalistes ! Il est vrai que les articles n'étaient point revêtus de la signature des rédacteurs, que ceux-ci n'étaient pas en quelque sorte personnellement responsables du jugement porté dans le journal ; mais le public en était-il moins induit en erreur par leur faute ?

Sur Beaujon.

La fortune jadis, quelquefois sans raison,
Passait pour inégale, orgueilleuse, perfide ;
En France, elle a le surnom de stupide
 Qu'elle tient du galant Beaujon.

Beaujon, est-il dit dans une lettre non imprimée, en date du 24 décembre 1786, est mort le 20 de ce mois, laissant à chacun de ses trois héritiers cinq cent mille livres de rente, les legs étant payés ; sa succession, toute mise en porte-feuille, se montait à trente millions.

Cette excessive richesse émanait des rescriptions du Canada qu'il avait fait acheter pour une somme immense, et sur lesquelles, en 1767, il eut un bénéfice de dix-sept à dix-huit millions.

Durant sa dernière maladie, son esprit aberrait la plupart du tems, et dans ses momens de raison, il pleurait sur la vie délicieuse qui allait lui échapper. Aux yeux des philosophes, ce fut un homme qui avait

cessé de vivre ; usé, pour ne pas dire éteint
par l'excès des voluptés, quoiqu'il eût à peine
soixante-six ans. Il avait fait vœu que, s'il
en revenait, il ferait achever l'église de la
Magdeleine.

Parmi les nombreuses anecdotes de sa vie,
celles-ci peuvent faire connaître son caractère. Un acteur ou une actrice débutaient-ils
avec succès, *Mondor* leur envoyait un présent de vingt-cinq louis. C'est lui qui mit
mademoiselle Raucour au théâtre ; ce fut chez
lui qu'en 1771 se fit la quête, dont le produit servit à tirer de la misère la plus profonde l'actrice, son père et sa mère. M. Lepot
d'Auteuil, notaire, fut nommé séquestre de
cette quête abondante. On sait que la comtesse Dubarry protégea la débutante alors
fraîche et belle ; mais on ne dit pas que cette
comère pleine de hardiesse et d'esprit ait jamais été au *Parc au Cerf* ; car la comtesse
avait soin de n'y introduire que des idiotes.

Ce Sardanapale, que l'amour avait oublié
depuis longtems, faisait néanmoins venir
dans son boudoir les nouvelles comédiennes
ou les courtisanes nouvellement arrivées ; il

se contentait d'examiner mystérieusement leurs appas ; puis il prenait congé d'elles , en leur laissant une marque très-sensible de sa générosité. Il ne s'était point borné à ces vierges trop communes, il avait courtisé les plus fameuses favorites ; on voyait dans un de ses salons, peints sur glace , en pied, les portraits de la marquise de Pompadour et de la comtesse Dubarry.

Il ne fit du bien qu'à son décès aux personnes employées à son service : c'est pourquoi on les voyait si simplement vêtues. Il nourrissait pourtant et logeait dans son hôtel plus de cent individus ; mais ces gens-là n'étaient point heureux , car ce Daron mettait beaucoup d'économie à soutenir cette nombreuse famille ; il faisait du bien , à condition que tout Paris en serait informé.

Beaujon n'était pas à beaucoup près le premier capitaliste de Paris, mais on pouvait le regarder comme le plus riche célibataire. Le président de Lamoignon fut son exécuteur testamentaire ; il eut pour cette peine le présent de dix-huit cent mille livres qu'il devait au défunt ; et, pour celle de diriger l'école et l'hospice de charité du Roule, fondé par le testateur, il fut prié d'agréer la *Chartreuse de l'Etoile*, comme un pied à terre, dont la construction avait coûté plus d'un million.

Foix, jeune homme chargé de sa correspondance et de ses écritures, hérita de trente mille livres de rente ; il laissa soixante mille livres à son caissier Guillaume, et mille écus comptant, avec douze cents livres de rente, à chacun de ses domestiques. *Dufresne*, conseiller d'état, intendant de la marine, lui fut redevable de sa fortune, et *Durvé* de 'son avancement. En outre, il légua cent mille livres à l'Académie des Sciences, chargée d'en faire l'usage qu'elle jugerait convenable, pour les progrès des arts et l'encouragement des talens. La seule idée de ce legs paraît une arme bien puissante contre l'opinion de ceux qui prétendirent que Beaujon mêlait un air plat et gauche à la stupidité la plus manifeste. D'ailleurs n'y a-t il pás quelque esprit à savoir amasser tant de richesses ?

Sa maison, qui était l'ancien hôtel d'Evreux, fut vendue au roi onze cent mille livres, et sa majesté la revendit peu de tems après pour le même prix.

Nota. Dans un passage de la lettre précédente, mademoiselle Raucour n'est pas traitée avec tout le ménagement que l'auteur aurait dû aux talens et à la moralité de cette actrice ; nous avons jugé convenable de rapporter ici, en dédommagement de la peine que cet article pourrait lui causer, les vers suivans, dont l'original est entre nos mains, avec des ratures :

A mademoiselle Raucour, de la Comédie Française.

Pour vous *former* l'Amour et Melpomène (1)
  Ont joint ensemble leur pouvoir,
 Et tout Paris en vous se plaît à voir
Le chef-d'œuvre du dieu qui décore la scène ;
  Si Melpomène, en vous *formant* (2),
  Vous enrichit du plus rare talent,
 L'amour jaloux, croyant mieux faire qu'elle,

---

(1) L'auteur avait mis d'abord :

Pour vous l'on dit qu'Amour et Melpomène.

(2) Pour vous former, en vous *formant.* Il eût mieux valu conserver la première version.

Vous donna tous les traits qu'on donne à la beauté ;
Mais, charmante Raucour ! sa générosité,
En flattant notre goût, va tromper notre zèle ;
Car on dit à Paphos que ce dieu, d'un coup d'aile,
    Pour désoler cette divinité,
Après vous avoir faite, a brisé le modèle (1).

Le Fils aussi âgé que sa mère.

« Vous avez la quarantaine,
    Disait un jeune marquis
    A la coquette Chimène.
-Oui, j'aurai dans six mois quarante ans accomplis. »
    Puis s'adressant à son fils,
« Et vous, dit-il ? - Et moi, d'après mon baptistaire,
    J'ai le même âge que ma mère. »

(1) Ce compliment est bien différent, du moins sous un rapport, de celui qu'on avait débité quelques tems auparavant au sujet de Mlle. Clairon, également célèbre actrice : on avai prétendu que cette ex-tragédienne , pour recevoir les *ex voto* de nombreux soupirans , avait été forcée d'emprunter un tabernacle de carton.

La Disgrâce imprévue de Calonne, ou les trois Démissions à-la-fois.

Un ambitieux favori,
Aimé pour sa souplesse et craint par son audace,
De deux ministres, comme lui,
Venait d'obtenir la disgrace.
Qu'arriva-t-il ? un nouveau coup de vent
L'atteint lui-même au même instant
Et le renverse de sa place.

Une lettre qui n'a jamais été publiée, donne sur la disgrâce de Calonne des détails, dont le public n'a pas encore eu connaissance.

« M. de Calonne avait appris que M. de Miroménil donnait à dîner à un certain nombre de notables, et désapprouvait se-crètement les projets mis sous les yeux des sept bureaux. Le contrôleur-général s'est rendu auprès du roi, le 4 avril 1787, s'est plaint à S. M. de l'intrigue mystérieuse du garde des sceaux, contraire aux objets poli-tiques, dont il était alors question; il a osé demander l'ordre de la démission à faire notifier au vice-chancelier. Le roi dévoué à son ministre des finances, et convaincu de la fermeté qu'il fallait mettre dans tous ces grands intérêts, a accordé la demande. »

M. de Calonne a prétendu alors que, s'il avait un ennemi secret dans M. le garde des sceaux, il en avait un second très-redoutable en la personne du baron de Breteuil. Le roi n'a pas hésité; il a d'abord délivré l'ordre de cette seconde disgrâce. Le contrôleur général s'est retiré, avec la permission d'éloigner deux puissans adversaires, qu'il croyait occupés à indisposer tous les sujets contre sa personne et ses opérations.

Il s'est rendu auprès de la souveraine; il a rendu compte à S. M. du travail qu'il venait de faire avec le monarque. La reine lui a témoigné son approbation ; elle lui a demandé quel successeur on donnait à M. de Miroménil ; il a répondu qu'il avait indiqué M. de Lamoignon , dont elle a approuvé le choix : « Allez , lui a dit la princesse, je crois que l'Etat vous gardera longtems. »

Il paraît que S. M. avait quelques affaires pressées , puisque M. de Calonne ou a ou-

blié, ou n'a pas osé lui parler en ce moment de la démission du baron de Breteuil.
Comme il sortait de chez la reine, il a rencontré le monarque qui passait dans l'appar-
tement de son auguste épouse. Le roi est
entré dans un cabinet, où il a conté ce qu'il
venait de résoudre avec M. de Calonne. La
souveraine, à la nouvelle de la disgrâce de
M. de Breteuil, a fait éclater la plus vive
indignation, sur ce que le contrôleur avait
eu l'air de lui cacher la seconde partie de son
travail avec le souverain ; elle a pensé qu'un
pareil oubli était fait avec intention ; le roi
lui-même a cru être trompé.

Bientôt après on a mis sous les yeux de
leurs majestés des lettres alarmantes de Bretagne, de Normandie et du Languedoc,
écrites à l'occasion de l'avertissement mis à
la tête de la collection des mémoires, les
arrêtés des bureaux à cet égard. Un prince,
dit-on, a fourni toutes ces pièces, qui
ont déterminé Louis XVI à envoyer l'ordre
de la démission à M. de Calonne, qui a
indiqué pour le remplacer M. de Four-
queux, sage et paisible administrateur, et

qui est allé le chercher dans sa voiture , pour le présenter à son maître. Le roi a prouvé la plus vive douleur au milieu de cette révolution : « Assurez bien M. de Calonne, disait-il à M. de Montmorin , que je ne l'oublierai jamais. » Et il le renvoyait sans l'avoir entendu ! »

Dans le second vers de cette épigramme , nous avons fait l'éloge de la souplesse de M. de Calonne, et c'est avec raison ; de tout ce qui concerne le faste et le caractère adroit de ce ministre longtems célèbre, nous ne rapporterons qu'un seul trait, d'où l'on pourra juger des dispositions que la nature lui avait données pour devenir un des courtisans les plus déliés de son siècle.

Pendant son intendance à Metz, il donna un diner aux officiers de la garnison de cette ville. Il s'y trouvait un régiment qui portait le nom de *Bretagne* , et qui haïssait cordialement M. de Calonne, que , dans cette province, on accusait hautement d'avoir occasionné la disgrâce de M. de la Chalotais, procureur-général du parlement de Rennes, ainsi que les persécutions qui en furent la suite,

L'esprit de corps se perd difficilement : à peine le dessert est servi, qu'un des officiers entonne une chanson intitulée : *Complainte de la Chalotais* ; on s'échauffe, on maudit l'intendant, on brise verres, bouteilles et porcelaines : toute la salle est couverte de débris ; la Chatollais est complètement vengé ; M. de Calonne va l'être bientôt aussi.

Tandis qu'on s'amusait à tout briser dans la salle du festin , madame de Calonne faisait préparer un service plus magnifique encore que le premier , et, lorsque la table fut dressée , son intendant alla de sa part prier les convives de passer dans une autre salle , où ils seraient moins exposés à se blesser que dans celle où ils étaient.

Qu'on juge de leur surprise à la vue d'une autre table servie avec plus de goût et d'éclat, et combien cette surprise s'augmenta , quand M. de Calonne entra en riant , et leur dit : « Messieurs, il n'est pas de belle fête, où il n'y ait quelques bouteilles et vaisselles de cassées ; je vous livre celles-ci, pour achever d'embellir cette fête. » A ces mots il commença lui-même à prendre la plus jolie pièce qu'il aurait jetée à terre, s'il n'en eut été empêché par un des officiers, qui exprima tout à-la-fois les regrets et les excuses du régiment. Depuis ce tems, M. de Calonne n'eut qu'à se louer de ces Bretons.

~~~~~~

La bonne et la mauvaise fortune de l'âne.

A chasser l'âne autrefois,
L'infatigable jeunesse
Mettait la plus noble adresse ;
C'étaient du tems des Gaulois
Ses plus glorieux exploits.
Depuis, quelle différence !
A peine, avec assurance,
L'âne est-il sorti des bois,
Que chez les Juifs on l'encense,
Qu'admis à la cour des rois,
De sa race très-féconde
Il a tant peuplé le monde,
Qu'il va jusques sur les toits.

Pour l'explication de cette épigramme, *voyez* le n°. 5.
~~~~~~

Sur les Vins de Paris.

Le vin, dans la capitale,
Soit d'Aï, soit de Mâcon,
Quelque luxe qu'on étale,
N'est pas également bon ;
Très-souvent, pour qui l'avale,
Tout son prix est au bouchon.

Ce que peut produire le mélange du blanc et du noir.

Dans un bourg du Calvados
Une petite maîtresse
Mit au monde deux jumeaux
D'une différente espèce,
L'un plein d'esprit, de finesse,
L'autre un enfant des plus sots.
Le cœur navré de tristesse,
La mère à son docteur s'adresse :
« Que pensez-vous de mes enfans ?
Pourquoi sont-ils si différens ?

— Du créateur, madame, admirons la sagesse ,
Dit Panglos ; les jumeaux, d'une aveugle tendresse
  Sont quelquefois les bizarres garans ;
  Ça, parlez-moi comme à confesse,
  N'auriez-vous point par maladresse,
  Je dirai plus, sans le vouloir ,
  Du Cap imitant la négresse ,
  Confondu le blanc et le noir ?

Une négresse du Cap-Français accoucha de deux jumeaux , l'un blanc et l'autre noir ; elle avoua qu'elle avait presqu'en même tems reçu les hommages d'un blanc et d'un nègre.

Au sujet des bizarreries concernant les jumeaux , *voyez* le n°. 6.

~~~~~~

Le Papillon sauvé par un Moucheron.

  Les yeux en feu, des ailes au talon,
Deux écoliers couraient après un papillon,
Qui déja, las enfin, renonçait à la fuite,
  Quant un tout petit moucheron
Les pique, et tout-à-coup fait cesser leur poursuite.

  Etourdi, tel est ton destin.
  Tu cours souvent après un rien
Dont l'éclat séduisant te fait tourner la tête ;
  Qu'arrive-t-il ? un rien t'arrête.
~~~~~~

Burdet, ou le Châtiment d'un vœu indiscret.

MALHEUR à qui, dans sa colère,
Echappe un mot injurieux,
Sur-tout un vœu pernicieux !
Le plus grand châtiment est souvent son salaire.

Dans un parc de Burdet le monarque Edouard
Frappa d'un coup mortel exprès ou par hasard,
Ou mal conseillé peut-être,
Un daim, le plus beau daim délices de son maître ;
Burdet ne put s'en consoler :
« Puissent les cornes de la bête
Que le prince vient d'immoler,
Dit-il, s'enfoncer dans la tête
De son horrible conseiller ! »

Folle imprécation presqu'aussitôt suivie
D'un affreux jugement qui lui coûta la vie !
Il emporta bien des regrets.
Sur sa tombe on grava ces accens mémorables :
« Dans vos propos soyez toujours discrets,
« Mortels, et ne formez que des vœux raisonnables! »
Conseil qu'en tous les tems ont suivi les Burdets.
Quant à ces armes redoutables
Que l'on voit sur le front des diables,
Qui ne sait que, pour vivre en paix,
Il faut toujours les craindre, et n'en parler jamais?

Le roi Edouard IV étant un jour en partie de chasse dans le parc de Thomas Burdet, tua un daim blanc que le propriétaire aimait beaucoup. Burdet affligé de cette perte, et ne pouvant modérer sa colère, dit, dans le premier mouvement, qu'il voudrait que les cornes de la bête fussent dans le ventre de celui qui avait conseillé au roi de lui faire cette insulte. En punition de ce souhait inconsidéré, Burdet fut condamné à perdre la vie, et exécuté publiquement à Tyburn.

Il y a dans cette épigramme le vers :

Conseil qu'en tous les tems ont suivi les Burdets,

dont tous les lecteurs peut-être ne saisiront pas d'abord le sens ironique ; mais qu'ils veuillent bien se rappeler que sir Francis Burdet est actuellement même un des membres les plus ardens et les plus fermes de l'opposition ; qu'en 1809 il fut envoyé à la tour, par une décision de la Chambre des Communes, pour avoir écrit et parlé trop librement ; que cette arrestation causa pendant trois jours une émeute populaire, dont le résultat fut l'élargissement de ce courageux baronnet.

(137)

Qu'il me soit permis de hasarder ici une observation au sujet de cette opiniâtreté de sir Burdet à soutenir les droits de la constitution britannique contre les entreprises du parlement et des ministres. N'aurait-il pas toujours présente à sa mémoire l'inique exécution de Thomas Burdet, l'un de ses aïeux?

Le Duc de Clarence, ou la Mort la plus délicieuse.

Jusqu'au dernier moment où s'éteint le plaisir,
    L'Anglais veut penser et jouir.
Le Romain, dont la mort anti-philosophique
    Eternisa le nom d'Utique
    Presque sur le bord du Lethé,
    S'enivrait de l'espoir de l'immortalité.
    Tandis que le duc de Clarence,
    Par une cruelle sentence,
Avant le tems, forcé de terminer son sort,
Arbitre cependant du genre de sa mort,
Comme il avait vécu, voulut finir sa vie,
Délicieusement s'éteignant sans effort
    Dans un tonneau de vin de Malvoisie.

La mort de Thomas Burdet fut bientôt

suivie de celle du duc de Clarence, dont il était le favori. Ce prince trop sensible à cette perte, se répandit en reproches amers contre son frère, et se récria sur l'iniquité de cette exécution. Le roi offensé de cette liberté, fit citer le duc à la Chambre des Pairs, et s'y rendit en personne, pour être lui-même son dénonciateur. Le duc déclaré coupable n'eut que le choix du supplice : il fit apporter dans la tour une tonne de vin de Malvoisie, et s'y noya; il avait une passion extraordinaire pour cette espèce de boisson.

<p style="text-align:center">~~~~~~~~~~~~~~~~~~~~~~~~~~~</p>

Mes Adieux à une Hôtesse.

L'HÔTESSE de Marterode
Est plus cruelle qu'Hérode;
Hérode n'en voulait qu'à de petits enfans;
Mais elle écorche au vif les petits et les grands.

Cette épigramme fut donnée par l'auteur, comme étrenne, à la servante de cette hôtesse, qui avait fait une brèche un peu trop forte à la bourse du poëte.

Henri VIII, ou la Loi la plus singulière.

« Pardonne-moi, Seigneur, d'une aveugle jeunesse
      Le malheureux égarement,
      S'écriait David pénitent :
Si tu n'avais pitié de l'humaine faiblesse
Qui pourrait supporter ta fureur vengeresse ? »

De son vrai repentir le Seigneur fut content.
Le Néron des Anglais pensait tout autrement,
Henri, ce déserteur de l'église romaine,
Féroce en son amour, implacable en sa haine,
Pour châtier d'Howard les premières amours,
Malgré son repentir et son titre de reine,
      Fit trancher le fil de ses jours.
      Il fit bien plus ; dans sa rage
Il goûta le plaisir de porter cette loi :
« Quiconque aura souillé la couche de son roi,
      En lui cachant qu'avant son mariage,
Elle avait disposé de la fleur du jeune âge,
Lavera dans un sang indigne de pardon,
Ce crime capital de haute trahison. »

      Le seul moyen d'éviter cette épreuve
      Pour notre bon souverain,
      Dit *John Bull* toujours malin,
      C'est de n'épouser qu'une veuve.

Catherine Howard, nièce du duc de Norfolk, fut la cinquième épouse d'Henri VIII, roi d'Angleterre ; ce monarque crut avoir trouvé le bonheur dans cette union ; mais sa joie ne fut pas de longue durée. La reine fut accusée des plus honteux désordres. A l'interrogatoire qu'on lui fit subir, Catherine nia tout ; mais voyant que ses complices étaient ses accusateurs, elle avoua son inconduite avant son mariage, protestant qu'elle n'avait point souillé la couche du roi. Le servile parlement ne manqua point de la trouver coupable, et pria le roi de lui infliger une peine capitale, ainsi qu'à lady Rochefort sa complice, à la duchesse douairière de Norfolk, à sa grand'mère, à son père, à sa mère, et à neuf autres personnes soupçonnées d'avoir favorisé les dérèglemens de la reine.

Henri accorda son *gracieux consentement;* les proscrits furent condamnés à mort par un acte *d'attainder* (de proscription), qui prononçait en même tems une peine capitale contre quiconque, à l'avenir, ne révélerait pas les désordres commis par Catherine. On déclara de plus qu'une fille qui, après avoir cessé d'être vierge, épouserait le roi, sans l'en avoir instruit, serait déclarée coupable de haute trahison.

Le peuple fit beaucoup de plaisanteries sur cet absurde statut, et l'on dit que le monarque ne devait plus fixer son choix que sur une veuve.

Ordonnance pour un Médecin.

Au milieu de l'hiver, en habit de nanquin,
    Un docteur qu'on n'écoutait guère,
Sur un tréteau, debout, une fiole à la main,
    Criait d'un ton de capucin :
    « Contre tous les maux de la terre
    J'ai seul un baume souverain ;
Cassez-vous les deux bras, les deux jambes, soudain
    Je les remets ; c'est mon affaire.
    — Si ton baume est si salutaire,
    Lui dit un auditeur malin,
    Guéris-toi donc de la misère ! »

~~~~~~

Fox, ou le Pari le moins décent.

Fox était fou, car il était joueur,
Modeste citoyen et superbe orateur ;
Sauf ce vieux défaut de jeunesse,
Dans un besoin un peu pressant,
Il fut si rempli de finesse,
Que du pari le moins décent
Il sut tirer beaucoup d'argent.

Cette épigramme, si c'en est une (et c'en est une dans le goût de celles des anciens,) a, plus que toute autre, besoin d'un commentaire ; mais jamais commentaire ne fut plus difficile : je vais cependant tâcher de l'esquisser.

Fox était un joueur de profession, sur-tout dans sa jeunesse. Un jour qu'il avait tout perdu, excepté une guinée, il sortit de la salle du jeu, et s'avisa du stratagême suivant pour réparer sa perte. Il alla trouver dans une promenade isolée un paysan qu'il arrêta : « Je suis Fox, lui dit-il, tu peux me rendre un grand service. — Milord, je ferai pour vous
~~~~~~

tout ce que vous voudrez. —Tiens! voilà une guinée.; suis exactement les ordres que je vais te donner. « Aussitôt il le force de réaliser dans sa propre culotte (mot que la décence ne permet pas de prononcer en Angleterre), ce passage du *Memento, Domine*, de David : *De fructu ventris tui ponam super sedem.* Il consigne ensuite le paysan à la porte de la salle du jeu. Il y rentre, apportant avec lui une odeur que bientôt on ne peut plus supporter. On se regarde, on se rapproche, on se parle à l'oreille ; l'on va, l'on vient; tous les nez sont à l'affut ; tous les regards se fixent enfin sur Fox : « Milord, lui dit un des joueurs les plus hardis, vous avez.... — Ce n'est pas moi. — Je parie. — Nous parions tous. — Je couvre tous les paris. « A l'instant il fait entrer dans la salle le paysan qu'il avait aposté. Celui-ci confesse son délit envers l'assemblée, et, par son aveu, fait gagner à Fox des paris qui rétablissent parfaitement ses finances.

Je tiens cette anecdote de M. Wilson; cet Anglais se trouvait à Londres, à l'époque de cette aventure, qui prouve combien l'un des plus grands hommes de la Grande-Bretagne avait dans son génie des ressources de toute espèce.

~~~~~~~~~~~~~~~~~~~~~~~~~~~~~~~~~~~~~~~

L'utilité des Auteurs.

Vous allez recouvrer le sommeil le plus doux,
Hélène ! Adieu Purgon ! adieu la pharmacie !
Enfin vous n'avez plus à craindre d'insomnie,
Nos auteurs, la plupart, ont travaillé pour vous.

On se plaint généralement qu'il y a beaucoup trop d'auteurs et trop peu d'acheteurs ; que chez eux le talent est aussi rare que le numéraire. Cette plainte est mal fondée ; on ne saurait au contraire assez encourager tous les hommes utiles. Eh ! peut-on contester les avantages que les mauvais écrivains procurent tant aux lecteurs qu'ils endorment, ou rendent plus circonspects sur l'achat des livres, qu'aux épiciers dont ils couvrent les marchandises et tapissent les boutiques ?
~~~~~~~~~~~~~~~~~~~~~~~~~~~~~~~~~~~~~~~

Le bon Dieu dans une auberge.

En cette ville épiscopale ,
D'Anjou la noire capitale ,
Dans ces momens où la religion
Consacrait au Seigneur , suivant un saint usage ,
La plus belle procession ,
Tout-à-coup s'éleva le plus affreux orage ,
Dont , depuis le déluge , on ait fait mention ;
L'eau tombait par torrens, si bien que, dans la ville,
Au lieu de chercher un chemin ,
Chacun ne chercha qu'un asile :
En pareil cas sans doute on n'est point difficile.
Dieu même partageait ce cruel embarras ;
Mais au fond du premier gîte ,
Qu'il rencontre sur ses pas ,
Le curé se précipite :
C'était l'auberge des Trois Rois.
Dieu dans un cabaret ! le curé de son choix
Rougit ; mais, sans être interdite ,
L'hôtesse qui s'en félicite ,
Lui dit : « Ne soyez point surpris d'être en ce lieu,
Mon cher pasteur , aux Trois Rois le bon Dieu
Depuis longtems devait une visite.

Cet évènement eut lieu à Angers , peu
d'années avant la révolution. Le mot de

l'hôtesse fut celui-ci : « M. le curé, ne soyez point étonné de vous trouver ici ; *il y a longtems que le bon Dieu devait aux Trois Rois cette visite-là.* »

<hr>

Un bon mot de Grétry, ou *la Demande d'un quine pour un sou.*

Un vieux auteur d'assez mauvaise mine ,
   Si peu l'ont bonne maintenant !
   Pour un roman, dont soi-disant
Il faisait à Grétry l'offrande un peu mesquine ,
   De Rousseau demandait pourtant
Une relique, un air, un tout petit fragment,
   Qu'il regardait comme chose divine :
« Je vous entends, répond Grétry d'un air mordant,
   Pour un sou , vous voulez un quine. »

Ce trait anecdotique fut rapporté dans un journal de Paris , quelques jours après la mort de Grétry.

La Roue des honneurs.

Oh! l'honnête homme que Lysandre !
Pour certain cas pendable assurément,
N'aguère on faillit à le pendre ;
Il était pauvre ; maintenant
Qu'il est riche, on ne sait comment,
Les honneurs viennent le surprendre.

Présent de Colas.

Colas faisait un conte à sa chère moitié ;
« S'il n'est vrai, disait-il, je te donne ma tête :
— Donne, lui répond Lise, et que rien ne t'arrête ;
Petit don nourrit l'amitié. »

Un de ces bavards à prétentions, qui pèsent sur toutes les sociétés, racontait à M. de Montesquieu un fait incroyable. S'apercevant que le président en levait les épaules : « Si cela n'est pas vrai, lui dit-il, je vous donne ma tête. — Je la reçois, répondit Montesquieu ; *les petits dons entretiennent l'amitié.* »

~~~~~~

Motif qui fit défendre la bassette.

Des joueurs, dupes ou fripons,
L'avide engeance est inquiète ;
La perte de quatre millions
A fait défendre la bassette.

On a généralement attribué la disgrâce de madame de Montespan à l'inconstance naturelle de Louis XIV ; mais cette inconstance avait quelques motifs : on les trouve dans des lettres confidentielles du tems.

Au fort de la guerre, tandis que madame de Sévigné se plaignait si gaîment dans la lettre que nous avons rapportée plus haut, de la rareté du numéraire, madame de Montespan perdait en une seule nuit à la bassette, contre la banque, quatre millions, qu'elle eut le bonheur de regagner avant le jour. Monsieur se rendit au lever du roi, et lui raconta le danger qu'avait couru madame de Montespan ; sa majesté en fut si affectée, qu'elle ordonna l'abolition pour jamais de la bassette. Ce qui parut encore augmenter sa
~~~~~~

peine, ce fut le besoin de payer à la banque cent mille pistoles, qu'ils avaient perdues, lui, Monsieur et madame de Montespan, somme réservée pour la solde des troupes.

A ce motif d'un juste mécontentement se joignait la torture que le directeur de S. M. exerçait à cette époque sur sa conscience. Le roi jeûna trois jours, fit ses dévotions, et toucha les malades ; mais il est douteux qu'il attendit le jour de Pâques pour rompre son jeûne et revoir la demoiselle, Fontanges, dont, suivant l'expression de Rabutin, il avait déja *eu contentement*.

Le Compliment d'une voisine à son voisin.

Ce malheureux procés a causé ma ruine,
    Disait Orgonte à sa voisine ;
    Dans ce dénûment absolu,
    Il ne me reste que ma tête :
« Soyez plus franc, répond la dame très-honnête,
    Voisin ! vous avez tout perdu. »

∿∿∿∿∿∿∿∿∿∿∿∿∿∿∿∿∿∿∿∿∿∿∿

Au docteur Pancrace, au sujet de sa jalousie.

Dans les journaux, mon cher docteur,
Si l'on use envers moi d'une indulgence extrême,
C'est, dites-vous, une faveur !
Qu'on vous favorise de même ;
Le public, toujours peu flatteur,
N'en rira-t-il pas de bon cœur ?

Un de ces docteurs, dont les ouvrages sont encore pires que les ordonnances, jaloux des succès littéraires de N...., accusait les journaux de beaucoup trop d'indulgence en vers cet écrivain. Celui-ci se contenta de lui envoyer cette épigramme : c'est une bien petite vengeance à l'égard d'un homme qui tue autant de lecteurs que de malades.

∿∿∿∿∿∿∿∿∿∿∿∿∿∿∿∿∿∿∿∿∿∿∿

Cause de la mortalité qui règne dans une capitale.

Pourquoi tant de pauvres humains,
A Londres, perdent-ils la vie ?
C'est que cette ville est remplie
De Circés et de médecins.

Cette épigramme pourrait être appliquée à plusieurs autres villes, qui même n'ont pas l'honneur d'être des capitales.

Ce qu'on gagne à s'écarter de son chemin.

Sur une rossinante un jeune freluquet
Allait, à pas comptés, au travers d'un guéret ;
    Du champ le maître accourt, l'arrête :
« Alte-là ! retournez, et vous et votre bête,
    Au grand chemin frayé pour vos égaux ;
Ici ne passent point d'âne ni de chevaux.

Voici l'anecdote qui a donné lieu à cette épigramme. Un homme en place et très-puissant allait à cheval, accompagné seulement d'un de ses domestiques, dans une allée collatérale du boulevard d'Enfer ; il était sur le point de monter sur le corps d'un ancien intendant du cardinal de Rohan, quand celui-ci, plus frappé du danger que de la présence du grand personnage, saisit la bride du cheval, et, d'une voix de stentor, s'écrie : « Arrêtez et suivez le chemin qui vous est réservé : il ne passe point ici d'ânes, ni de' chevaux. »

Le coupable lui lance un regard fou-
droyant, mais obéit, sans rien répliquer :
tant il est vrai que la fermeté, appuyée sur
la justice, en impose à ceux même qui
pourraient le plus abuser de leur autorité !

Naïveté d'un Enfant.

« Que fait donc, pour être un Crésus,
Disait un écolier à son jeune confrère,
   Mon bon ami, que fait ton père ?
   —Mon père ! il rogne les écus. »

Et le fait était vrai ; ce qui est prouvé par
l'épigramme suivante :

Les Ecus rognés.

« Je vous plains, dit Griffart, et vous rendrai service,
   Vu le besoin que vous me témoignez ;
Prêter en ce moment, c'est faire un sacrifice ;
Prenez tous ces écus, tenez ! — Le bon office !
   C'étaient des écus tout rognés. »

Il ne faut jamais dire des choses désa-

gréables des morts , encore moins des vivans;
ce qui me fait taire le nom du prêteur généreux.

~~~~~~

Ce qu'on gagne et ce qu'on perd aux Eaux.

Spa , Barège, Tœplitz, ces lieux où la gaîté
    Se mêle aux bienfaits de Neptune,
Ne sont point un séjour tout-à-fait enchanté;
Le matin, l'on y boit de l'eau pour sa santé,
Et le soir, en jouant, on y perd sa fortune.

C'est la paraphrase du paragraphe suivant
de l'article de l'*Hermite de la Chaussée d'Antin* , sur les eaux minérales , inséré dans la
Gazette de France , le 14 août 1813.

« A Plombières comme à Spa , à Bath , à
Tœplitz, on va finir la journée au salon de
Trente-un , où l'on est bien plus sûr de dé-
ranger sa fortune le soir, qu'on ne l'est de
refaire sa santé le matin, en épuisant les fon-
taines. »
~~~~~~

~~~~~~

Leçon d'un vieille dame à un jeune seigneur.

Dans un de ces jardins charmans,
Où le jeune vieillard et l'antique jeunesse
Vont afficher la mode et ses goûts inconstans,
De Toul une grave *mairesse*
Promenait ses ennuis et ses vieux vêtemens,
Quand un jeune seigneur, seigneur des plus mordans,
Avec un ris moqueur devant elle s'arrête,
Va de la tête aux pieds et des pieds à la tête.
— « Qu'ai-je de si plaisant pour me fixer ainsi ?
— Madame, pardonnez ! mes regards m'ont trahi ;
Tout en vous m'est si cher ! j'idolâtre l'antique.
— Venez demain chez moi passer quelques instans ;
J'ai sous ma robe une relique ;
Vous pourrez la baiser : elle est un peu gothique,
Elle a trente ans de plus que ces vieux vêtemens. »

Cette leçon fut donnée en 1787, dans le
parc de Versailles, au jeune prince de Léon,
par l'épouse du maire de Toul, membre de
l'assemblée des notables.
~~~~~~

Avantage des titres pompeux en tête des ouvrages.

Fı de Jacques Rousseau ! fi de Jacques Delille !
   Ce n'étaient là que de petits auteurs ;
      Avec un titre si stérile ,
      Pouvaient-ils vendre leurs labeurs?
Vive cet écrivain, qui, fier de ses honneurs ,
      En tête de ses rapsodies ,
Même sur une affiche apprend à tous lecteurs
      Qu'il est de vingt académies ,
   De vingt caveaux, et de vingt facultés!
      Heureux si tant de dignités,
Rendant pour ses écrits le public plus sévère ,
    Sur le vaisseau chargé de ses iniquités ,
      Chose aujourd'hui fort ordinaire ,
Ne font point avec lui chavirer son libraire !

Intelligenti pauca sufficiunt : peu de mots suffisent à quiconque est doué d'un bon entendement. Qui croirait que certains auteurs ont cru devoir imiter les marchands de vin, qui font consister le succès de leurs maisons dans la beauté de leurs enseignes ?

~~~~~~

Bon mot d'un Sourd qui ne l'était guère.

Dans un concours, pour une chaire,
Un faible athlète s'étayait
Sur la surdité salutaire
D'un fort rival qu'il combattait :
Même sur ce défaut hautement il bavarde ;
Son concurrent l'entend, et, d'un air satisfait :
« Si je suis sourd, lui dit-il, prenez garde
Que je ne vous rende muet. »

En effet, le sourd qui ne l'était guère,
ferma bientôt la bouche à son rival. C'était
M. Laroque, actuellement professeur de
morale évangélique à la Faculté de Théologie
de Toulouse, qui, en 1779, disputait et
obtint au concours la chaire des *libertés de
l'église gallicane*, en l'université de cette
ville, à peine encore âgé de vingt-quatre ans.
~~~~~~

La Sensibilité d'un Médecin.

Sur un lit de douleurs un malade étendu
   Touchait à son heure dernière ;—
Son médecin lui donne un remède inconnu
Qui seul eût avancé la fin de sa carrière :
De l'héritier aussi c'était le médecin ;
Chez le mourant, il vient le lendemain,
   Et s'adressant à la portière :
« Comment va, lui dit-il, le bon père Godard ?
-Mon pauvre maître, hélas ! ne voit plus la lumière !
   — Il est mort ! oh ! le gaillard ! »

La portière qui se fondait en larmes, en parlant de la mort de son maître, ne vit pas sans surprise et sans indignation ce docteur au cœur d'airain apprendre cette nouvelle d'une manière si gaillarde, comme si cette femme lui eût dit : mon maître est allé se promener: tant il est vrai que l'habitude de tuer rend insensible à la mort !

Harpagon, ou n'est pas toujours voleur qui veut.

HARPAGON vainement épuise ses largesses
Pour d'ingrates beautés, objets de ses faveurs.
L'insensé ne sait point que, malgré ses finesses,
On ne vole point dans les cœurs,
Ainsi qu'on vole dans les caisses.

Honny soit qui mal y pense !

Il n'est point difficile de deviner le nom de
cet Harpagon Mondor.

Les différentes Plumes.

OH ! le maudit métier que celui d'écrivain !
On fait cent vers pour une obole ;
La plume ne produit plus rien,
Si ce n'est la plume qui vole.

Procès et Jugement les plus mémorables.

En ces tems qu'on voudrait oublier pour jamais,
Où de petites assemblées
S'occupaient de grands intérêts,
Un conseil ténébreux d'audacieux pygmées
Osa de l'Eternel peser les destinées ;
Il fallait, sans désemparer,
Le reconnaître ou le désavouer.
Avec une mâle éloquence,
On plaide pour et contre ; on plaide fort longtems ;
Dieu, même dans un club, avait ses partisans,
Et la cause semblait d'assez grande importance :
Un conflit de débats sans cesse renaissans
Eût éternisé la séance,
Si le maçon, dans ces momens
Honoré de la présidence,
Avec le bedeau de ce lieu
Secrètement d'intelligence,
N'eut donné son avis et sauvé le bon Dieu.

Cette assemblée eut lieu en 1794 ; ce ne fut point un maçon qui fit la proposition de reconnaître et de conserver Dieu, mais un graveur qui vit encore. « *Moi*, dit-il, *je suis pour le bon Dieu.* »

Hypothèque sur le Clair de Lune.

Jusques dans l'ombre ou la clarté des cieux,
Nos traitans, autrefois, poursuivaient la fortune,
Hypothéquant le pain de nos aïeux
Sur le produit du clair de lune.

Parmi la foule énorme d'anciens pensionnaires du roi, on en remarquait un dont la pension était singulièrement hypothéquée ; c'était sur le *clair de lune*. Voici le fait. Le roi payait l'huile et les mêches des reverbères qui illuminaient le chemin de Paris à Versailles, comme si toutes les nuits eussent été obscures dans tout le courant de l'année, et cependant lorsque la lune éclairait, on n'allumait point ces lanternes ; alors c'était un grand bénéfice pour les entrepreneurs ; eh bien ! c'était sur ce bénéfice qu'était hypothéquée la pension *du clair de lune*.

~~~~~~

Le Procureur et sa Locataire.

Un procureur à sa tendron
Louait le quart de sa maison,
Sans en tirer ni sou, ni maille :
« Parbleu ! l'excellente trouvaille !
Dit une dame sans façon.
— Pas tant, reprend la fière Hortense
Avec un sourire moqueur ;
Il n'est point de loyer en France
Plus cher que chez ce procureur.
— Moi je suis d'un avis contraire,
Réplique un Normand étonné ;
C'est, je crois, un marché donné,
Car je connais la locataire. »

L'avocat-général Tal... avait fait bâtir un corps-de-logis de plus dans sa maison, qu'il louait à madame N..., sans cependant avoir augmenté le prix du loyer. On exagérait la bonne fortune de la dame : « Avec tout cela, dit madame de Coulanges, je trouve cette maison bien chère. — Je ne suis point de votre avis, répliqua madame de Medebourg, il y a deux jours que j'ai vu madame N...,
~~~~~~

je trouve que c'est un marché donné. (*Extrait d'une Correspondance manuscrite.*)

~~~~~~

Le Procureur et le Filou.

« Messieurs, prenez bien garde à vous,
S'écriait dans la foule un robuste corsaire,
Dont la main furtive et légère
Dans les poches tâtait bien plus que des gros sous.
— Rassurez-vous, monsieur, lui dit d'une voix forte
Un ancien procureur : en homme de ma sorte
Je me connais et j'ai pris garde à vous. »

~~~~~~

Le doux Trépas de Boniface.

Plus d'un héros, aux champs de gloire,
En mourant d'un coup de boulet,
A fait souvent remporter la victoire.
Boniface, jadis, auteur de Nicollet,
Est mort plus doucement ; si l'on en croit l'histoire,
Bloquant à l'Odéon le temple de Mémoire,
Il est mort d'un coup de sifflet.

Respect au malheureux ! Il n'en faut point
parler trop haut ; car il est là qui nous écoute.

~~~~~~

L'Homme qui se connaît.

Au jeune et blême Corbulon,
Déja vieilli par la mollesse
Et les fredaines du bon ton,
On reprochait avec raison
La puanteur de sa maîtresse ;
Mais, loin·d'abjurer sa tendresse :
« Et moi, dit-il, est-ce que je sens bon ? »

Un manuscrit du dernier siècle attribue
cette réponse au vieux *Sanguin.*

~~~~~~

Sur les Amis du jour.

Dans ses écrits, pour faire rire,
Graffignau, toujours virulent,
N'a point d'ami qu'il ne déchire.
Moi qui n'aime point la satire,
Pour les miens je suis indulgent,
Car j'aurais beaucoup trop à dire.

Le commentaire de cette épigramme est

in petto : on ne saurait trop ménager le peu
d'amis qu'on peut avoir.

~~~~~~

Sur le Projet d'un timbre universel.

Jusques sur les humains, par trop dégénérés,
    Le timbre va, dit-on, s'étendre !
Cette mesure, en France, aura de quoi surprendre ;
Tous les hommes un peu n'y sont-ils pas timbrés ?

Ce fut en 1787, à l'assemblée des notables, que fut présenté pour la première
fois le fameux projet sur le timbre.

~~~~~~

La Femme de neige.

Pendant la nuit, par un faux hymenée,
    A l'instituteur Bergougnon
Une femme de neige, en avril, fut donnée,
    Présent bien pire qu'un poisson ;
    En embonpoint mieux pourvu qu'en raison,
Le nouveau marié serre, caresse, embrasse
L'insensible moitié, qui, dans ses mains, s'efface ;

Aussitôt veuf qu'époux, de ses doigts tout crochus,
Il cherche et cherche en vain sa femme qui n'est plus;
Mais, loin de s'affliger, riant de sa disgrace :
« Que de maris, dit-il, voudraient être à ma place ! »

Autrefois il n'appartenait qu'aux rois d'avoir des bouffons ; aujourd'hui dans les campagnes, les personnes de haut parage se font amuser par des originaux qui ont un genre de folie et de gravité fort intéressant et très-comique ; tel est M. Bergougnon, instituteur primaire, qui fait maintenant la risée d'un département du Midi.

Parmi les nombreuses anecdotes qui ont donné à cet homme une espèce de célébrité, il en est une sur-tout qui nous a paru digne d'être conservée. Un jour de carnaval, M. N***, l'un des hommes les plus aimables de ce département, voulant égayer une nombreuse compagnie qu'il avait chez lui, fit venir ce M. Bergougnon, et lui dit : « M. le maître, je sais que depuis quelque tems vous faites les yeux doux à Suzette (c'était sa servante) ; cela fait jaser tout le quartier; vous êtes connu pour un égrillard, et vous sentez combien il serait désagréable pour moi..., vous m'entendez. — Oui monsieur. — Eh bien! il faut en finir. — Quand vous voudrez. — Il faut vous marier de suite avec Suzette. — Tout de suite. — J'ai chez moi M. l'officier civil qui va vous marier tout-à-l'heure. Le mariage devant M. le curé n'est pas de stricte rigueur ; nous le retarderons de quelques jours ; quant à la publication des bancs et aux frais de la noce , je m'en charge ; voulez-vous? — Tout ce que vous voudrez, dès que vous payez les frais. »

Aussitôt se présente la demoiselle Suzette parée comme un jour de noce, accompagnée d'une espèce de magistrat muni d'un gros registre , et faisant le rôle d'officier civil. On procède au mariage avec toute la gravité qu'exige une pareille cérémonie ; puis on se met à table, on rit, on danse, on improvise des couplets , et M. Bergougnon connu pour faire des milliers de vers par jour, chante son bonheur et la générosité de son hôte.

L'heure de se coucher arrive. Suzette entre dans la chambre nuptiale , et prie son époux de la laisser pendant quelques momens toute seule , sous prétexte qu'elle veut se

préparer avec plus de recueillement au grand
sacrifice. Bergougnon reste avec les convives;
on l'amène enfin à la chambrette, on s'empresse d'éteindre la chandelle, et l'on se retire en l'enfermant à la clef.

Quelques minutes après, l'hôte revient avec
ses amis à la porte de la chambre; on entend
des soupirs, et ces accens d'une voix basse et
plaintive : « Suzette ! Suzette ! quoi ! vous ne
me dites rien ! vous ne bougez pas ! Suzette,
Suzette ! mon dieu, que vous êtes froide ! »
A ces mots on entre, pour donner, suivant la coutume du pays, la soupe aux nouveaux mariés. Bergougnon regarde; il voit à
ses côtés, il voit une statue de neige. « Je
suis perdu, s'écrie-t-il ! miséricorde ! c'est
le diable qui s'est mis à la place de Suzette;
je savais bien qu'il ne fallait pas se marier
sans aller à l'église. » Il dit, s'élance hors du
lit, met sa culotte, part et va courir les
champs, comme s'il eût eu le diable à ses
trousses.

La comtesse de Soissons venant de subir
son interrogatoire à la chambre des prisons,
s'écria de manière à être entendue de tout le
monde : « Je n'ai jamais ouï dire tant de

sottises avec un ton si grave. » Ne pourroit-on pas répéter au sujet de Bergougnon: On n'a jamais ouï dire, ni vu faire avec tant de gravité, tant de sottises ?

~~~~~~

Avis à mon Cuisinier.

DEVANT la chambre des poisons
On va, dit-on, bientôt traduire
Tous les cuisiniers de l'empire
Dégénérés en marmitons ;
Jean, fuis donc vîte, sans rien dire ;
Ton salut est dans tes talons.

On avait annoncé à M. de la R..... l'arrestation de madame de Rouville, maîtresse de M. Lesec, et celle de deux cuisiniers compliqués dans le procès de M. de Luxembourg, de la comtesse de Soissons et autres ; M. de la R..... fit à ce sujet les réflexions suivantes : « C'est une marque que la poursuite des prisons s'échauffe, puisqu'on fait la guerre aux cuisiniers ; si c'est pour tous les méchans, on aura bien des affaires, et *nous en avons un ici à qui je conseillerais de se sauver au plus vîte.* »

—
~~~~~~

Il est malheureux que cette chambre des prisons n'existe plus, et qu'elle ne soit pas ambulante ; c'est maintenant plus que jamais qu'elle serait nécessaire pour la santé des étrangers qui visitent nos villes , et sur‑tout des voyageurs qu'on empoisonne sur les grands chemins.

~~~~~~

Le Bonheur des Compilateurs , et le Danger qu'ils ont à courir.

Heureux qui compile, compile
Les bons auteurs du bon vieux tems !
Sans rien semer, sa récolte est fertile,
Et pour lui la saison, même la plus stérile,
Est à-la-fois l'automne et le printems ;
Mais gare qu'un de ces orages,
Que souffle un cruel feuilleton,
N'emporte, avec tous ses ouvrages,
Le vain espoir de sa moisson,
~~~~~~

Les deux fléaux des époux.

DES bons habitans de Paris,
Deux fléaux font tourner les têtes,
L'aimable audace des Laïs,
Et la fière *âpreté* des beautés trop honnêtes.

Qu'on se garde bien de confondre cette *âpreté* d'un froid orgueil avec l'*âpre baiser* dont parle Jean-Jacques.

Cette épigramme, un peu trop sérieuse peut-être, me rappelle une anecdote propre à dédommager de ce quatrain.

Le maréchal de Grancey vivait dans un commerce intime avec une jeune Laïs, nommée *Dumeny*, particulièrement connue de tous les seigneurs de la cour, et même de Louis XIV, qui parlait quelquefois de cette belle passion du maréchal, et des infidélités de sa maîtresse.

Cette nymphe étant allée un jour à la messe aux grands Jacobins, où se rendait alors la fleur de la chevalerie, madame de la *Beaume* s'y trouva aussi; elle entrait à l'église au moment où l'autre en sortait ; mais une aventure assez singulière la força de s'arrêter ; son laquais avait un peu coudoyé madame de la Beaume, et celle-ci lui avait donné un grand soufflet. — « Pourquoi frappez-vous ainsi mon laquais, lui dit fièrement mademoiselle Dumeny ? — C'est un insolent, lui répond l'autre, et vous êtes bien hardie, vous, de m'adresser la parole. — Je m'étonne que vous me teniez ce langage, et je crois bien que personne n'a le droit de me manquer de respect. —Vous êtes une.... — D'accord : ce nom là me convient ; mais il est commun entre nous. — Je vous ferai couper la robe. — Et moi le nez ; il y a longtems qu'on aurait dû vous le couper, aux méchancetés que vous faites. — Je vous ferai rouer de coups. — Moins de bruit, s'il vous plaît, réplique mademoiselle Dumeny sans s'émouvoir ; on nous connaît toutes deux ; on sait bien que nous sommes du même métier ; ainsi toutes les guenipes de profession étant égales, je suis la vôtre, et sur ce, je vous tire ma révérence. » A ces mots elle se retira, laissant madame de la

Baume en butte aux sarcasmes de la popu-
lace rassemblée autour d'elle.

~~~~~~~~~~~~~~~~~~~~~~~~~~~~~~~~~~~~~~~

Wolsey et Mazarin, ou *la Mort différente de deux grands hommes.*

Comment deux cardinaux, ministres tout puissans,
    Ont-ils terminé leur carrière?
    Avec quels adieux différens,
  Très-humblement ces superbes géans
    Sont-ils rentrés dans la poussière?
    A mort d'avance condamné,
    Quand Wolsey, qui s'empoisonne,
A des remords affreux justement s'abandonne,
Jusqu'au dernier soupir Mazarin fortuné,
    Traitant la mort en rusé politique,
Par une douce odeur expire empoisonné
    Avec un rire sardonique.

Le cardinal Wolsey, qui joua un si grand
rôle sous Henri VIII, avait gagné les bonnes
grâces de ce monarque par sa complaisance
et son adresse à le servir dans toutes les circonstances. Il chantait, folâtrait et dansait
avec tous les débauchés de la cour. Il porta
quelque tems le poids de toutes les affaires en
~~~~~~~~~~~~~~~~~~~~~~~~~~~~~~~~~~~~~~~

qualité de grand chancelier; et pour jouir
d'un pouvoir illimité , il eut soin d'entretenir
l'insouciance et la mollesse de son maître.

Le règne d'un ministre corrompu n'est
point de durée ; l'époque de la réforme fut
aussi celle de sa chûte. Henri croyait trouver
un zélé défenseur de cette réforme en son
favori ; mais Wolsey, pour ne déplaire ni à
son souverain , ni au pape, choisit le parti
de rester neutre. Cette conduite ne manqua
point de lui attirer le ressentiment du roi ,
qui bientôt donna l'ordre au procureur-général de préparer un bill d'accusation contre
le ministre, à qui l'on retira d'abord le grand
sceau.

On signifia au cardinal l'ordre de quitter
le palais d'York , et l'on confisqua ses meubles au profit du monarque. L'inventaire de
son mobilier s'éleva au-delà même de ce
qu'on avait imaginé. Peu de tems après , le
comte de Northumberland l'arrêta par ordre
du roi , comme accusé du crime de haute
trahison, et l'on fit toutes les dispositions
nécessaires pour le transporter d'York, où il
résidait alors , dans la capitale. Il refusa d'a-

bord d'obéir, insistant sur sa dignité de cardinal ; mais voyant que le comte se disposait à exécuter sa commission de vive force, il se soumit et partit pour se rendre à petites journées dans une ville où il devait paraître en criminel, après y avoir commandé en roi.

Il s'arrêta quinze jours sur sa route, chez le comte de Shrewsbury, où, étant à dîner, il se trouva mal tout-à-coup ; ce qui fit soupçonner qu'il s'était empoisonné lui-même. Il se rendit avec beaucoup de peine à l'abbaye Leicester ; les moines étant venus à sa rencontre, il adressa la parole à leur supérieur, et lui dit : « Père abbé, je viens mourir dans votre maison. » Puis il ordonna de lui préparer son lit ; ses douleurs redoublant de violence, il dit à un officier qu'on avait placé près de lui pour le garder et le servir : « Rappellez-moi au souvenir de sa majesté ; c'est un prince impérieux qui s'exposerait à perdre la moitié de son royaume, plutôt que de changer de résolution. . . . Si j'avais aussi exactement servi mon dieu que mon prince, il ne m'aurait pas abandonné dans ma vieillesse ; mais j'ai mérité ce châtiment par mon oubli de la divinité. » Bientôt après il expira dans toutes les angoisses des remords.

La fin de Mazarin fut bien différente ; s'il faut en croire un passage qui se trouve dans les mémoires *inédits* d'un curé de Ruelle, contemporain de ce ministre, ce dernier mourut d'un poison qui s'exhala d'une fleur préparée par un Italien. Dans ses derniers momens, il ne cessait de gratter son nez, et faisait une grimace semblable à celle d'un homme qui rit aux éclats.

***

La Consolation donnée par un Normand.

« FAUT-IL mourir dans l'indigence ?
Disait le malheureux Damis. »
« Eh ! non, je suis de vos amis,
Lui répond avec complaisance
Un vieux normand, vous savez mon aisance,
Je puis vous donner..... un avis. »

Cette gasconade eut lieu en 1794, entre deux employés d'un établissement public, dont l'Hermite de la Chaussée du Maine était le directeur.

~~~~~~~~~~~~~~~~~~~~~~~~~~~~~~~~~~~~~

La Cause du peu de succès des Nuits pari-
siennes.

DARNAUD , sais-tu pourquoi tes *Nuits Parisiennes*
N'eurent point le succès de nos *quotidiennes ?*
    C'est qu'on les prit en bon français
    Pour un emprunt que tu faisais.

Tout le monde connaît le motif qui avait
ôté toute espèce de crédit à cet auteur plus
célèbre par ses emprunts que par ses ouvrages. Peu de personnes ont connu les *Nuits
parisiennes;* c'était une brochure périodique
qu'il rédigeait avec Casimir Varon , rédacteur des voyages de Levaillant en Afrique.
Elle parut in-12 au commencement de la
révolution , et roulait beaucoup plus sur la
littérature que sur la politique ; ce qui la fit
tomber. Il n'en fut pas de même de la *Quoti-
dienne.*
~~~~~~~~~~~~~~~~~~~~~~~~~~~~~~~~~~~~~

Guerre de mots entre le P. Daniel et l'abbé de Camps.

ENTRE de Camps et Daniel
Depuis près de cent ans quelle guerre effroyable !
Dans l'ame des dévots entre-t-il tant de fiel ?
Mais quel sujet enfin, pire encor que le diable,
  Peut ainsi troubler leur repos?
  C'est une date et deux vieux mots.

Peu de personnes connaissent la sanglante et interminable dispute qui eut lieu au commencement du dernier siècle, entre de Camps, abbé de Signy, et le jésuite Daniel, auteur d'une histoire de France, au sujet de l'époque où nos rois avaient commencé de porter le titre de *très-chrétiens.*

Daniel, suivant de Camps, avait avancé que Pie II avait accordé à Louis XI et à ses successeurs, rois de France, le titre de *très-chrétien ;* mais ce même pontife avait écrit au roi Charles VII, père de Louis XI, une lettre dans laquelle il reconnaissait que les rois de France tenaient héréditairement le titre de très - chrétien. Or , dit l'abbé de Camps , Pie II ne peut avoir accordé au fils un titre qu'il reconnaît avoir été possédé par droit d'hérédité par le père.

Il cite à l'appui de son sentiment un grand nombre de preuves rapportées par le P. Mabillon , dans sa *Diplomatique* , tendantes à démontrer que nos rois et les princes issus de leur sang par mâles , ont eu ce titre depuis la conversion de Clovis.

Le P. Daniel , loin d'être écrasé sous le poids de ces preuves, en appelle au texte même de son histoire , où c'est le pape *Paul* II qu'il cite , et nullement *Pie* II. « Comment, dit-il, se peut-il qu'on s'avise de faire un tel changement dans un texte qu'on indique soi-même , tiré d'un livre qui est entre les mains de tout le monde , et qu'on ne craigne pas d'être démenti par l'auteur pour un tel changement ? Certainement ce trait n'est nullement ni d'un habile , ni d'un prudent critique. »

Après avoir longuement réfuté M. de Camps : « Pourquoi donc, ajoute le P. Daniel , m'attaque-t-il sur un point où j'ai parlé avec tant d'exactitude, où je n'ai dit précisément et très-clairement que ce qu'il fallait dire ? Un peu de réflexion aurait pu lui faire comprendre que les titres de *roi chrétien*, de *roi très-chrétien*, et d'autres semblables, étaient donnés aux rois et à d'autres souverains, par des conciles et par des papes exprès pour les faire ressouvenir de leur religion ; ce qui convenait parfaitement à des papes et à des évêques.... Il ne se trouvera aucun monument dans toutes nos antiquités françaises par où l'on puisse prouver cette distinction et cette prérogative particulière, à l'exclusion de tous autres princes de la chrétienté.

Le gant était jeté d'une manière trop violente pour n'être pas ramassé avec la même chaleur par un adversaire, tel que l'abbé de Camps, qui, depuis si longtems faisait une étude particulière et profonde de l'histoire de France. Aussi fit-il au P. Daniel une réplique véhémente, à laquelle le jésuite répondit à son tour avec aussi peu de ménagement. Comme ces deux lettres sont pleines d'une éloquence naturelle, pour ne pas dire inspirée, et que d'ailleurs elles présentent des particularités historiques ignorées ou fort peu connues, nous avons cru bien mériter de l'histoire et de la littérature, en les publiant en partie à la fin de cet ouvrage. *voyez* n°. 7.

~~~~~~~~~~~~~~~~~~~~~~~~~~~~~~~~~~~~

Moyen d'assurer le succès d'une pièce de théâtre.

Un auteur comico-tragique,
Par sa grande vogue étonnait,
Il étonnait sur-tout quiconque le lisait.
Un autre auteur, que toujours on sifflait,
Quoiqu'il fût bien meilleur comique,
Voulut connaître sa tactique :
Voici, lui dit-il, mon secret.
Mon public n'est pas ce vulgaire
Dont nos pareils se plaignent tant :
Au mien je suis bien sûr de plaire ;
Le parterre seul sait comment.
Pour le jugement d'un ouvrage,
De mes créanciers réunis
Je mets le sentiment à prix,
Et suis sûr de chaque suffrage.

M. N.... pourrait nous dire si j'avance un
~~~~~~~~~~~~~~~~~~~~~~~~~~~~~~~~~~~~

fait controuvé ; mais chut ! il ne faut point
troubler la cendre des morts , encore moins
celle des vivans.

L'Homme insignifiant.

FURET, véritable protée ,
Furet faisant à chaque instant
Douter d'un sexe qu'il dément ,
Le matin catholique et sur le soir athée,
Est-il mâle ou femelle ? Est-il homme de bien ?
Furet , le dirai-je ? n'est rien.

Les Sages-Femmes du Châtelet.

RIEN de plus rare au Châtelet
Que les veuves , les demoiselles ;
L'amour , son seigneur Banneret ,
N'y souffrirait point de cruelles.
Telle est avec ses procureurs
La rivalité de ses dames
Que, pour les fruits de leurs labeurs,
Il leur faut quatre sages-femmes.

On sait qu'il y avait quatre sages-femmes

du Châtelet , et que cette dignité n'a cessé ʒa
qu'au moment où la révolution a supprimé ʒ
ce tribunal.

~~~~~~

Le Curé pacifié, ou *le Pouvoir d'un mot.*

Dans ces tems, où le jansénisme
Luttait contre le molinisme ,
Un jour de fête, un vieux pasteur,
Hôte excellent, mais raisonneur ,
Rassembla dans son hermitage
Tous les curés du voisinage ;
Après la messe , où tous en chœur
Avaient chanté suivant l'usage,
On dina ; le banquet joliment aprêté
Respira d'abord la gaîté ;
Mais sitôt que Bacchus, le héros de ces fêtes,
Eût un peu fait tourner les têtes ,
L'on disputa,
L'on s'échauffa ;
Jamais on n'assaillit avec tant de colère
Jansénius et Molina ,
Et plus on but, plus on cria ,
Si bien que, tout en feu, le chef du presbytère
Vociférait plus haut qu'en chaire,
Et... quand , au fort de ce vacarme-la,
Son valet tout-à-coup le tappe sur l'épaule :
— Monsieur le curé ! — Quoi ! quoi donc ? parle, drôle.
~~~~~~

— Monsieur le curé , mouchez-vous !
Vous avez... Tout se tait , on rit comme des fous :
Tant il est vrai qu'une parole
Du ciel même a souvent désarmé le courroux !

Cette scène eut lieu en 1768 , au presbytère de *Trebien* , dans l'ancien Albigeois , endroit célèbre par les vexations d'un seigneur , bourru-malfaisant , moins occupé de la chasse au gibier , que de celle aux chiens et aux chasseurs qui avaient le malheur de mettre le pied sur ses terres ; homme avare et cruel que son successeur , le bon M. de *Puységur* fit oublier par ses bienfaits.

Le *quoi* prononcé deux fois par le vieux curé , d'un ton de capucin , fit beaucoup rire toute la compagnie ; mais ce qui acheva de dérider et de pacifier les combattans , ce furent les expressions patoises du domestique, qu'il est impossible de rendre en français avec la même énergie : « *Souffla-bous, moussu ritou , quabès de meco* ; mouchez-vous , monsieur le curé , vous avez la roupille. »

~~~~~~

Le plus grand défaut d'un Livre.

« Achetez mon nouvel ouvrage,
S'écriait sur sa porte un libraire affamé,
Achetez, achetez ce manuel du sage ;
Eu tête il est orné d'une fort belle image,
Et mon auteur est bien *famé :*
— Oui, de ce livre assez j'aime l'architecture,
Lui répond un maçon devenu magistrat ;
Mais son dehors est sans éclat ;
Il manque par la couverture. »

Le maçon parlait en homme de l'art ; il avait raison. En effet, que signifient un Virgile, un Boileau couverts en parchemin ?

~~~~~~

La belle jalouse d'imiter le diable.

Comme Finette fait la prude,
Lorsqu'on veut lui faire la cour !
Est-ce, chez elle, une habitude
De ne point payer de retour ?
Non ; mais, sitôt qu'amour le quitte,
Et qu'il ne peut plus rien tenter,
Le diable alors se fait hermite,
Et Finette veut l'imiter.

Ce n'est pas qu'il n'en coûte beaucoup de copier un pareil original. Quelques personnes, que l'Hermite se gardera bien de nommer, se reconnaîtront sans doute à ce portrait; mais elles se garderont bien aussi de se faire connaître.

~~~~~~~~~~~~~~~~~~~~~~~~~~~~~~~~

Sentiment de Marmontel sur la culture des lettres.

« Si j'avais un enfant à mes leçons rebelle,
Qui voulût de Phébus arborer le drapeau,
Je lui brûlerais la cervelle,
S'écriait Marmontel. — Tout beau!
Calmez-vous, lui dit-on; dans le tems où nous sommes,
Suivant Horace, de grands hommes
Ne peuvent faire que des sots. »

En effet, Horace a dit :

Ætas parentum, pejor avis, tulit
Nos nequiores, mox daturos
Progeniem vitiosiorem.

(Od. VI, l. III.)

L'Hermite de la Chaussée du Maine alla
~~~~~~~~~~~~~~~~~~~~~~~~~~~~~~~~

voir, jeune encore, M. Marmontel, et lui demanda s'il lui conseillait de suivre la carrière des lettres. « Si j'avais un fils, lui dit le philosophe, qui voulût être homme de lettres, je lui brûlerais la cervelle : j'ai végété pendant quinze ans à Paris, pour avoir voulu faire ce maudit métier, et sans madame de Pompadour, qui par grâce me fit accorder une pension de mille écus, j'aurais fini par mourir de faim : suivez le barreau. »

C'est le conseil qu'a donné dernièrement l'Hermite de la Chaussée d'Antin, à M. Eugène, qui, malgré tout son esprit, ne pouvait tirer le parti qu'il avait droit d'attendre de ses ouvrages. (Voyez la Gazette de France, du 4 décembre 1813.)

***

La Malice d'une mère.

On est surpris que la sévère *Aguié*
Donne à son fils une moitié
D'une conduite peu chrétienne !
C'est pour faire oublier la sienne.

Cette anecdote concerne une dame de l'ancienne cour, qu'il n'est plus convenable de nommer.

La Ruse infernale , ou le Danger qu'on peut courir en mangeant du raisin verd.

UNE petite champenoise
Qu'on nommait la bonne Françoise,
Avait trop tôt porté la main
Sur une grape de raisin ;
Raisin verd , quoiqu'on puisse faire ,
Difficilement se digère ,
Aussi neuf mois après , une indigestion
De son régal fut le salaire.
Pour la tendron mauvaise affaire ;
Elle accusa de sa tentation
Un jeune amateur du village ,
Colin, beau , mais trompeur comme on l'est à cet âge,
Qui, le premier , dit-elle , avait tàté
De cette grape, et vantant sa bonté ,
Par un insidieux langage
Avait fait un abus de sa crédulité :
Colin dit non ; grands débats, long tapage ;
Mais pour terminer enfin
Cette vilaine querelle ,
Colin prend deux témoins , et courant chez la belle,
Il lui présente un beau raisin ,
Et la narguant : « Tiens ! c'est pour ma... » Soudain :
« Je ne le fus jamais , dit-elle » ;

—Témoins, souvenez-vous de ce fier démenti ;
Tout procès par ces mots vient d'être anéanti.

Ce fait est arrivé en 1813, dans un village
de l'ancienne Champagne.

Les Bienfaits de la Bigoterie.

Ne me parlez point des bigotes,
    Qui ne sont jamais avec nous :
Ces vierges qu'on dit si dévotes,
Dans l'autre monde ont leurs époux ;
Vous jouissez d'un commerce si doux,
Chloé ! mais ici bas quels bienfaits sont les vôtres !
    Vous ne connaissez point d'amis,
    Et, pour aller en paradis,
    En enfer, vous plongez les autres.

Le Satyrique prudent.

De mauvais écrivains j'ai peint le radotage
    Et les travers de quelques beaux esprits :
        Ils vont me guetter au passage,
        Comme un chat guette une souris :
Ils se demanderont : « N'a-t-il point fait d'ouvrage ?
N'en fait-il point ? De lui parle-t-on dans Paris ?
De *l'Hermite d'Antin* remplit-il quelque page ? »
Ils vont être bien sots ; car jamais je n'écris.

N°. I.

Lettre inédite de Voltaire à M. de Paulmy.

De Colmar , le 20 février 1754.

VOTRE bibliothèque souffrira-t-elle ce rogaton ? Je vous supplie, Monseigneur, de faire relier cette préface avec cette belle Histoire universelle (1). Voudriez-vous bien avoir la bonté de donner l'exemplaire ci-joint à M. le président Hénault, comme à mon confrère à l'académie et à mon maître en histoire. Pardonnez-moi cette liberté.

Quoique je ne sois pas sorti de mon lit ou de ma chambre depuis cinq mois, je ne suis pas moins enchanté de votre haute Alsace ;

---

(1) Cette lettre et la suivante , qui sont toutes deux écrites de la main de Voltaire , sont reliées à la tête des deux volumes in-12 de l'Histoire Universelle , à la Bibliothèque de l'Arsenal.

on y est pauvre à la vérité: mais l'évêque de
Porentru a deux cent mille écus de rente, et
cela est juste. Les jésuites allemands gouver-
nent son diocèse avec toute l'humilité dont ils
sont capables. Ce sont des gens de beaucoup
d'esprit. J'ai appris qu'ils firent brûler bayle
dans Colmar, il y a quatre ans. Un avocat-
général nommé Muller, homme supérieur,
porta son bayle dans la place publique et le
brûla lui-même. Plusieurs génies du pays en
firent autant (1). Comme vous êtes secrétaire
d'état de la province, je vous supplie de
m'envoyer votre bayle bien relié, afin que je
le brûle dès que je pourrai sortir.

Je vous avais supplié de m'honorer d'un
petit mot de protection auprès du procureur-
général pour éviter un extrême ridicule, dont
le scandale irait aux oreilles du roi; mais j'ai
peut-être mal pris mon tems, et j'ai bien peur
que, dans un accès de goutte, vous n'ayez
eu pour moi un accès d'indifférence; mais je

---

(1) Ce trait qui concerne Muller et les génies du
pays, est rapporté après l'épigramme, sur cet
avocat-général, mais je n'ai pas cru devoir l'ôter du
corps de cette lettre.

consens d'être excommunié moi et mon Histoire prétendue universelle, si vous êtes
quitte de votre goutte.

Je suis fâché de dire à un grand ministre,
que j'ai un peu le scorbut et quelque atteinte
d'hydropisie. Je vous supplie très-humblement de croire que je suis obligé, pour ne
point mourir, de voyager et de chercher
quelque abri un peu chaud.

Comme je n'ai reçu aucun ordre positif du
roi, et que je ne sais ce qu'on me veut, je
me flatte qu'il me sera permis de porter mon
corps mourant où bon me semblera : le roi
a dit à madame de Pompadour qu'il ne voulait pas que j'allasse à Paris ; je pense, comme
sa majesté, je ne veux point aller à Paris, et
je suis persuadé qu'elle trouvera bon que je
promène au loin. Je remets le tout à votre
bonté et à votre prudence ; et, si vous jugez
à propos d'en dire un mot au roi *in tempore
opportuno*, et de lui en parler comme d'une
chose simple qui n'exige point de permission,
je vous aurai réellement obligation de la vie.
Je suis persuadé que le roi ne veut pas que
je meure dans l'hôpital de Colmar.

En un mot, je vous supplie de sonder l'indulgence du roi : *il est bien affreux de souffrir tout ce que je souffre pour un mauvais livre qui n'est pas de moi.* Je suis dans votre département ; ainsi ma prière et mon espérance sont dans les règles.

Daignez me faire savoir si je puis voyager ; je vous aurai l'obligation d'exister , et je vivrai plein du plus tendre respect pour vous. Pardon de cette énorme lettre.

VOLTAIRE.

Seconde Lettre de Voltaire au même ministre.

A Colmar , le 13 août (1).

PERMETTEZ , Monseigneur , qu'on prenne la liberté d'ajouter un volume à votre bibliothèque (2). Voici un petit pavillon

----

(1) Cette lettre est sans date ; mais elle est incontestablement de 1754 , puisque l'ouvrage dont parle Voltaire parut cette année, et qu'il se hâta de l'envoyer à son protecteur.

(2) C'est le troisième volume de l'Abrégé de

d'un bâtiment immense, dont les deux premières ailes, qu'on a données très-indignement ne sont pas certainement de mon architecture. Si je vis encore un an, je compte
bien avoir l'honneur de vous envoyer tout
l'édifice de ma façon. On verra une énorme
différence, et on me rendra justice. Votre
suffrage, si vous avez le tems de le donner,
sera la plus chère récompense de mes pénibles travaux.

Madame Denis, ma garde-malade et moi,
nous vous présentons les plus tendres res-
pects.

V.

~~~~~~

Observations sur les deux lettres précédentes
de Voltaire.

LES deux années que Voltaire passa dans
l'Alsace, sont peut-être l'époque de sa vie la

---

l'Histoire Universelle, lequel volume fut publié
sous le nom d'*Essai*, et non d'abrégé, comme les
deux premiers.

<div align="right">9</div>
~~~~~~

,moins connue et la plus critique. Condorcet, auteur de la vie de cet écrivain, insérée dans le LXXe. et dernier volume de la collection de ses œuvres in-8°., ne dit presque rien de ces deux années, soit qu'il ne fût pas assez amplement informé, soit qu'il ait voulu jeter un voile sur cette partie de l'histoire de son héros.

Quoi qu'il en soit, ces deux lettres et les conséquences qu'on en peut tirer, répandent un grand jour sur l'état et les actions de Voltaire dans cet espace de tems. Elles sont écrites au marquis de Paulmy, alors ministre, son protecteur, son confident et son ami.

Dans la première, il fait hommage à ce ministre si connu pour son amour pour les lettres, de l'édition qu'il vient de donner à Londres, ou plutôt à Paris, de son *Abrégé de l'Histoire universelle*, édition qu'il s'était empressé de publier, afin d'effacer l'impression qu'avait faite à la cour de France, et parmi ses ennemis, celle du même ouvrage qui venait de paraître à la Haye chez Jean Néaulme, où l'on remarquait des fautes grossières, beaucoup de pensées trop hardies.

Voltaire, après avoir fait son hommage, se garde bien d'entrer de suite en matière ; il a une grâce importante à demander à son protecteur, une grâce à laquelle son existence est attachée ; en courtisan adroit, il commence par disposer le cœur du ministre en sa faveur, par une anecdote d'autant plus propre à l'intéresser, à l'égayer, qu'elle s'est passée dans son département. Ce qui ajoute encore un prix à cette anecdote, c'est la manière dont la raconte un homme, qui depuis cinq mois n'est point sorti de son lit ou de sa chambre, qui a un peu le scorbut et quelque atteinte d'hydropisie, c'est le ton ironique dont il parle de l'évêque de Porentru, et sur-tout des jésuites allemands et de l'exécution publique de Bayle faite par plusieurs génies du pays.

Enfin il arrive au but ; il avait prié M. le secrétaire d'état de l'honorer d'un petit mot de protection auprès du procureur-général, vraisemblablement pour étouffer dès son origine, le procès qu'on voulait lui susciter au parlement pour son Abrégé de l'Histoire universelle. Point de réponse, et cependant Voltaire n'était pas tranquille ; il était tra-

cassé : « Je ne sais, dit-il, ce qu'on me veut,
Je ne reçois aucun ordre positif du roi. »

Il n'était donc pas en pleine liberté à Colmar ; ce qui paraît très-vraisemblable, puisqu'il n'avait rien tant à cœur que de voyager,
-et qu'il avait besoin d'une permission du roi
pour sortir d'Alsace.

Condorcet est ici dans l'erreur : « Voltaire,
dit-il, fit alors une tentative pour obtenir
non la permission de retourner à Paris (*il en
eut toujours la liberté*) ; mais l'assurance qu'il
n'y serait point désagréable ; c'est précisément cette liberté d'aller à Paris que Voltaire ne put obtenir dans cette circonstance ;
il l'avait demandée au roi par l'organe le plus
propre à l'obtenir, madame de Pompadour ;
sa majesté avait refusé très-positivement cette
faveur. » Ce n'est point la seule erreur qu'on
trouve dans cette vie de Voltaire par Condorcet ; elle est plutôt un éloge académique
qu'une histoire impartiale et sévère d'un écrivain, dont la haute réputation n'avait plus
besoin de louanges.

Voltaire insiste auprès de M. de Paulmy ;
il est obligé, pour ne point mourir, de voya-

ger et de chercher quelque abri un peu chaud..; il est persuadé que sa majesté ne veut point qu'il meure dans l'hôpital de Colmar. Il supplie son protecteur de sonder l'indulgence du roi.

On ne peut s'empêcher de se demander pourquoi Voltaire n'osait pas user de la liberté naturelle qu'a tout homme libre d'aller où bon lui semble ; pourquoi il réclamait non-seulement la permission, mais encore l'indulgence du roi. On trouve la solution de ce problême dans la phrase suivante : « Il est bien affreux de souffrir tout ce que je souffre *pour un mauvais livre qui n'est pas de moi.* Ce livre est l'Abrégé de son Histoire uniververselle, publié à la Haye. »

Serait-il vrai que ce livre ne fût point en effet de Voltaire, qu'on eût osé emprunter son nom pour le tourner en ridicule ? il le dit lui-même formellement dans sa première lettre, et dans la seconde, il le répète d'une manière plus étendue en faisant hommage à M. de Paulmy, du troisième volume qu'il vient de publier et qui fait suite aux deux premiers : « Voici un petit pavillon d'un bàtiment immense, dont les deux premières ailes, qu'on a données très-indignement, *ne sont pas certainement* de mon architecture. » Qui ne croirait, après avoir lu ces deux assertions, que cet ouvrage est sorti de la plume d'un autre? et cependant il écrit au libraire de la Haye qu'il aurait dû au-moins le consulter avant de publier un livre si défectueux ; que son *éditeur* a commis les fautes les plus grossières; que tous les manuscrits qui sont à Paris, que ceux qui sont actuellement entre les mains du roi de Prusse, de l'électeur Palatin, de la duchesse de Gotha, sont très-différens de celui qu'il a publié (1)!

Il écrit à un professeur en histoire que cette prétendue histoire imprimée en Hollande n'était pas pour voir le jour. « Ce sont, dit-il, des recueils informes d'anciennes études, auxquelles je m'occupais, il y a environ quinze années avec une personne respectable

---

(1) Lettre de Voltaire à Jean Neaulme, libraire à la Haye, écrite le 28 décembre 1753, imprimée dans le soixante-dixième volume de la collection de Kell, in-8º.

(Madame du Châtelet) ; c'est un compte que je me rends librement à moi-même de mes lectures. Mon principal but avait été de suivre les opérations de l'esprit humain dans celles du gouvernement. Plusieurs personnes voulurent avoir le manuscrit, tout imparfait qu'il était, et il y en a plus de trente copies. Je les donnai d'autant plus volontiers que ne pouvant plus travailler à cet ouvrage, c'étaient autant de matériaux que je mettais entre les mains de ceux qui pouvaient l'achever. Un libraire de la Haye ayant trouvé un mauscrit plus complet, vient de l'imprimer avec le titre d'Abrégé de l'Histoire universelle : il ne va que jusqu'à Louis XI ; il dit qu'il l'a acheté d'un homme qui demeure à Bruxelles. J'ai ouï dire, en effet, qu'un domestique de Monseigneur le prince Charles de Lorraine, en possédait depuis longtems une copie tombée entre ses mains par un évènement singulier ; l'exemplaire fut pris dans une cassette parmi l'équipage d'un prince pillé par des housards dans une bataille donnée en Bohême. Ainsi, on a eu cet ouvrage par droit de guerre, et il est de bonne prise ; mais apparemment que les mêmes housards en ont conduit l'impression : tout y est étrangement défiguré. »

Cette lettre est aussi écrite de Colmar, dans le courant du même mois de décembre, mais sans date; elle est aussi dans le soixante-dixième volume de l'édition de Kell.

Environ deux mois après, le 22 février 1754, Voltaire porta plainte contre le libraire Jean Néaulme pardevant deux notaires de Colmar; il leur représenta un manuscrit, in 4°. usé de vétusté, relié en un carton qui paraissait aussi fort vieux, intitulé : « Essai sur les révolutions du monde et sur l'Histoire de l'esprit humain, depuis le tems de Charlemagne, jusqu'à nos jours 1740 (1) ; lequel

____

(1) J'ai vu un de ces manuscrits intitulé simplement *sur les révolutions du globe, depuis Charlemagne*. Le mot *essai* ne fut substitué par Voltaire à celui d'abrégé, qu'après l'édition de la Haye. On le trouve pour la première fois au troisième volume in-12, qui parut à Leipsick en 1754, faisant suite aux deux volumes qu'il avait déja fait imprimer à Londres l'année précédente. Observez qu'il conserva le même mot d'*essai*, dans son grand ou-

manuscrit il avait reçu la veille venant de la bibliothèque de Paris, dans un paquet contresigné *Bouvet*.

Il représenta pareillement les deux volumes imprimés à la Haye, tirés en quelque partie de son manuscrit; il observa qu'à la vérité les deux ouvrages commençaient de la même façon; mais qu'il y avait entre eux une grande différence même à la première page, que, dans la troisième ligne du manuscrit on lisait ces mots : « Les historiens en cela, ressemblent à quelques tyrans dont ils parlent; ils sacrifient le genre humain. »

Tandis que l'édition de Hollande portait : « Les historiens, semblables aux rois, sacrifient le genre humain à un seul homme. »

Il fit beaucoup d'autres remarques pour prouver la différence qu'il y avait entre son manuscrit et l'imprimé, et protesta qu'il se pourvoirait en tems et lieu contre ceux qui avaient défiguré son ouvrage d'une manière si odieuse (1).

---

vrage qui parut quelques années après sur le même sujet.

(1) Ce procès-verbal est imprimé à la tête du troisième volume de l'édition de Leipsick, in-12.

Dans ces lettres un libraire de la Haye et au professeur en histoire, dans ce procès-verbal, Voltaire ne dit pas que cet ouvrage *n'est point de lui* ; mais qu'il a été défiguré, qu'il aurait dû au moins être consulté avant l'impression.

Mais pourquoi un langage si différent, lorsqu'il écrit au ministre qui le protège, qu'il charge de ses intérêts auprès du roi et du procureur-général ? Quoi ! le 20 février 1754, il lui écrit que ce livre n'était point de lui, et le 28 décembre 1753, quelques semaines auparavant, il se plaignait au libraire hollandais de ce qu'il avait imprimé son ouvrage avec tant de fautes, et deux jours après avoir écrit cette lettre à M. de Paulmy, il convenait devant deux notaires de Colmar que c'était bien son ouvrage, mais qu'on l'avait imprimé d'après une copie très-défectueuse ! Eh ! dans quel tems vit-on un prévenu nier confidentiellement un délit dont il convenait publiquement ? Voici ce que je présume à ce sujet, et le motif secret que je crois pouvoir donner d'une contradiction si manifeste dans un homme si rusé que Voltaire.

Sitôt que son Abrégé de l'Histoire universelle eût paru à la Haye, il s'éleva contre cet ouvrage une nuée de critiques plus ou moins fondées ; il y donnait des armes si puissantes à ses ennemis par la manière hardie, indécente dont il y traitait les rois et les prêtres ! Il apprit que la cour en était indignée, qu'on voulait le dénoncer au procureur-général ; il crut d'abord devoir nier le fait, et il écrivit à M. de Paulmy deux lettres dont ce ministre pouvait faire usage auprès de sa majesté et du procureur impérial pour suspendre au moins leur vengeance jusqu'à plus ample information , persuadé que c'était beaucoup que de gagner du tems, espérant que, pendant cet espace de tems, il pourrait obtenir la permission de voyager, c'est-à-dire se dérober à l'orage qui le menaçait. Le silence dont il se plaint dans sa première lettre prouve que le ministre n'était point sa dupe, mais qu'il arrêta la procédure.

Qu'il me soit permis de terminer cet article par quelques idées et conjectures que l'étude de cette affaire m'a suggérées. Voltaire, en 1747, cinq ans avant la publication de son ouvrage à la Haye, avait inséré dans le Mercure des morceaux de ce même ouvrage ; ils avaient obtenu le plus grand succès, à cette époque où l'esprit philosophique était dominant : il y traitait de l'Histoire et de l'Esprit humain dans le neuvième et dixième siècle. Ces succès accordés à des morceaux littéraires, uniquement publiés dans l'espoir de donner l'avant-goût d'un ouvrage considérable, étaient plus que suffisans pour engager soit l'auteur, soit l'éditeur à faire imprimer un des trente exemplaires que Voltaire convient d'avoir donnés à diverses personnes de haute naissance. Cet ouvrage, l'un des plus hardis de Voltaire, procura beaucoup d'argent au libraire, puisqu'en trois jours, dit-on, la première édition fut épuisée, quoiqu'on l'eût tirée à un très-grand nombre d'exemplaires, mais elle reveilla contre l'auteur la haine de tous ses ennemis. Il écrivit à madame de Pompadour, la pria d'obtenir pour lui de sa majesté la permission de voyager, c'est-à dire de sortir du royaume : la réponse fut négative. C'est alors qu'il eût recours à M. de Paulmy.

N°. II.

Lettre de l'empereur Maximilien Ier., à Marguerite d'Autriche, sa fille.

« TRÈS chère et très amée fylle, je entendu l'avis que vous m'avez donné par *Guyllam pingum* nostre garderobes vyess dont avons encore mius pensé desus.

« Et ne trouvons point pour nulle raisun bon, que nous ne devons franchement marier, maes avons plus avant mys nostre délibération et volunté de james plus hunter faem nue.

« Et envoyons demain monsr. de *Gurce* eyesque à Rom devers le pape, pour trouver fachon que nous puyssuns accorder avec ly de nous prenre pour ung co adjuteur, afin qu'après sa mort pourions estre assuré de avocr le *papat*, et devenir prester et après estre saint et que yl vous sera de nécessité que après ma mort vous serez contraint de me adorer, dont je me trouveré bien glo— ryoes.

« Je envoye sur ce ung poste devers le roi d'Aragon, pour ly prier quy nous voulle ayder pour a ce parvenir, dont yl est aussi contant moynant que je resingne l'empir a nostre comun fils Charl : de sela aussy je me suis contenté.

« Le peupl et gentilhomes de *Rom* ount faet ung allyance contre les Franchoes et *Espaingnos* et sunt XXM combatans, et nous ount mundé que yl veolunt estre pour nous, pour faire un *papa* a ma poste et du l'empire *d'Almaingne* et ne veolunt avoer ne *franchoes*, *aragonoes*, ne mains null *venecien*.

« Je commence aussy practiker les car— dinaulx, dont ijc ou ijj mylle ducas me feront ung grand service, avecque la par— cialité qui est déja entre eos.

« Le roi d'Aragon a mandé à son ambaxa— deur que yl veult comander aux cardinaulx espaignos, que yl veolunt favoryser le *papat* a nous.

« Je vous prie tenez cette matere empu

secret ossi bien en brieff jours , je creins
que yl fault que tout le monde le sache , car
bien mal esti possible de pratiker ung tel sy
grand matere secretement , pour laquelle yl
faut avoer de tant de gens et de argent su-
cours et pratike , et a diu faet de la main de
vostre bon pere *Maximilianus* futur *papa*.

Le XVIII jour de setembre.

« Le *papa* a encore les vye vers dubls et ne
peut longement fyvre. »

La souscription . « *A ma bonne fylle l'archiduchesse d'Ostrice , douairière de Savoye
en ses mains.* »

Une autre lettre du même empereur fait
connaître que, faute d'argent pour une si
grande opération , il en emprunterait aux
Fuggers pour gaguer les voix des cardinaux ,
mettrait même chez eux en gage les orne-
mens impériaux , et leur abandonnerait le
tiers des revenus du saint siége , jusqu'à ce
qu'ils eussent retiré leurs avances.

N°, III.

Les Vaudois, ou pauvres de Lyon, dit l'abbé Mugi (1), furent ainsi appelés du nom de leur premier prédicant, *Pierre Valdo*, natif de Lyon. C'était un homme riche, qui vendit tous ses biens pour mendier ; il forma une secte de mendians. C'étaient des ignorans opiniâtres, ennemis jurés du pape ; ils furent les premiers qui mirent en avant cette maxime devenue si dangereuse dans la bouche du fanatisme, *il faut obéir à Dieu, plutôt qu'aux hommes.* Vérité incontestable, quand on est assuré que c'est Dieu qui parle sans interprête.

Les premiers inquisiteurs qu'on leur opposa furent St. Dominique et Simon de Montfort ; mais le pape Innocent III voyant

(1) Mémoire historique sur l'inquisition de Toulouse. (*Mém. de l'Acad. de cette ville, tom. IV.*)

que les prédications de ce saint et de quelques abbés de Citeaux qu'il avait mis à sa suite ne réussissaient pas à son gré, il quitta, dit le P. Percin, le glaive de Dominique, pour tirer celui de fer, dont il arma Montfort. Ainsi, lorsqu'on vit que le premier moyen de convertir les hérétiques ne suffisait pas, on imagina de les exterminer ; exemple qu'imitèrent depuis les Espagnols dans l'Amérique ; ils ne trouvèrent rien de mieux pour y établir la foi, que de détruire les naturels du pays. Les inquisiteurs appelaient cela *expurgationem terræ ab hæreticâ pravitate*, purger la terre d'hérésie ; et les bulles les confirmaient dans le pouvoir.

Le genre de folie des Vaudois était : 1°. de porter des sandales comme les apôtres ; 2°. ils disaient qu'il ne fallait jamais jurer pour quelque raison que ce fût ; 3°. ne jamais tuer dans aucun cas ; 4°. ils soutenaient que cha-

____

(1) Le P. Percin, dominicain, naquit à Toulouse, d'une famille distinguée. Il fit imprimer en 1693 un ouvrage intitulé : *Monumenta conventûs Tolosani fratrum prædicatorum.*

cun d'eux pouvait, sans avoir été ordonné par l'évêque, mais pourvu qu'il portât des sandales, faire le corps de Jésus-Christ.

« Parmi les autres blasphêmes des Vaudois, dit le P. Percin, on trouve ceux-ci : Le pape est le chef de toutes les erreurs. Les prélats sont les scribes, et les religieux sont les pharisiens. Nul n'est plus grand qu'un autre dans l'église. On ne doit donner ni décimes, ni prémices. Les clers ne doivent pas avoir des possessions, ni les évêques et abbés jouir des droits réguliers ; c'est un mal de doter les églises et les couvens. L'église ne doit pas disposer des testamens, et aucun homme ne doit devenir son vassal. On ne doit forcer personne à croire.

Ils s'élevaient contre les priviléges des églises, et contre les immunités des ecclésiastiques. Ils condamnaient le clergé à cause de son oisiveté, et anathématisaient la rétribution des messes. Ils méprisaient l'excommunication et les indulgences, niaient le purgatoire, etc. » (*Percin. Part. I de Her. c. 8.*)

Au sujet des hérétiques brûlés au pré de sept deniers par ordre de l'inquisition, voici une horrible anecdote que Sermet a puisée dans l'ouvrage du P. Percin, et qu'il a consignée dans des recherches historiques sur l'inquisition de Toulouse. (*Mém. de l'Acad. de cette ville*, *tom. IV.*)

« L'an 1234 fut célébrée dans l'église des dominicains de Toulouse, la fête de la canonisation de leur père St. Dominique, et c'est dans ce jour mémorable, dit le P. Percin, que furent exposés au grand jour les mystères infâmes que l'hérésie, cette détestable courtisane, enveloppait si bien des plumes et des écailles du léviathan, qu'on ne pouvait d'aucune part percer le mur qui récelait ses monstrueuses abominations.

« Raymond de Falgar ou de Miremont, ancien profès de cet ordre, et évêque de Toulouse, y célébra la messe pontificalement ; après quoi il passa au réfectoire avec sa suite pour y dîner avec la communauté. Au moment où ils allaient se mettre à table, le père Pons de St. Gilles, homme très-religieux, et prieur de la maison, fut averti par un *quidam*, que certains hérétiques étaient entrés dans la maison d'un nommé Poitevin,

faiseur de bourses, rue Lameth, au voisinage du couvent, et qu'ils y catéchisaient sa
belle-mère, qui était très-dangereusement
malade.

« L'évêque et le prieur entraînés par leur
zèle, ne songent plus à prendre leur ré-
fection. Ils s'acheminent vers la femme
hérétique, entrent furtivement chez elle,
montent à petit bruit dans sa chambre, s'ap-
prochent de son lit en tapinois, sans se
faire annoncer ni se faire connaître, et lui
parlant de la fragilité de cette vie et de tout
ce qui peut intéresser le plus un moribond,
emploient toute leur adresse à lui dérober
son secret.

« La pauvre malade accablée par la violence du mal, et croyant parler à un hérétique, répondit à l'évêque, conformément
aux erreurs qu'elle avait sucées, et finit en
lui disant tout bonnement : Je vous parle
comme je pense. — Vous êtes donc un
hérétique, lui dit l'évêque, en élevant la
voix ; car vous venez d'en professer tous les
dogmes. Renoncez-y promptement, sou-
mettez-vous à l'église catholique, apostolique

et romaine. Je suis chargé de défendre sa foi, puisque je suis votre évêque, l'évêque de Toulouse, et c'est en cette qualité que je vous exhorte et vous ordonne de croire tout ce que croit cette église.

« C'est le langage, continue le P. Percin, que l'évêque lui répéta plusieurs fois ; mais, loin de l'ébranler, il ne réussit qu'à l'affermir dans ses erreurs. Alors, ayant fait appeler le vicaire de la ville (1) et plusieurs autres personnes, il la déclara hérétique, et la condamna comme telle, au nom de Jésus-Christ ; l'exécution de la sentence ne fut pas différée d'un instant. Le vicaire, sans autre formalité, la fit porter avec son lit au pré du comte (le même que nous appelons aujourd'hui le pré de sept deniers), et l'y fit brûler tout de suite.

« L'évêque qui prévit sans doute les effets que devait produire cette scène abominable,

____

(1) Ce vicaire ou viguier de la ville devait être nécessairement un personnage distinct du vicaire ou du viguier du comte. On présume que l'un présidait le conseil de ville, et l'autre, la cour du comte, composée de Capitouls.

fut dîner chez lui, quoiqu'il eût promis de
prêcher l'après-midi. Pour nos pères, ajouta
le bon P. Percin, ils revinrent au réfectoire manger ce qu'on leur avait préparé,
rendant grâces à Dieu et au bienheureux
St. Dominique, de ce qui venait de se passer pour l'exaltation de la foi.

« Le peuple s'étant rendu en foule à l'église
après None, dans l'espérance d'y entendre
l'évêque, le P. Pons de St. Gilles monta en
chaire à sa place, et ayant pris pour son
texte ces paroles du chapitre 48 de l'ecclésiastique : *Surrexit Elias quasi ignis, et
verbum ipsius quasi facula ardebat*, le prophète Elie s'éleva comme un feu, et ses paroles brûlaient comme un flambeau ardent. Il
en fit l'application à St. Dominique, à la
fête qu'on célébrait en son honneur, et à
l'affaire lamentable du jour ; et, se tournant
successivement à la fin de son discours vers
l'orient, le midi, le couchant et le septen-
trion, il donna un nouvel essor à sa voix, et
criant de toutes ses forces à perte d'haleine,
il répéta plusieurs fois, pirouettant toujours
et tournant dans la chaire : « De la part de
Dieu et de St. Dominique, je donne en ce

jour le défi à tous les hérétiques et à leurs fauteurs... » Et après une pause : « J'ordonne de la part de Dieu à tous les catholiques, de déposer toute crainte pour rendre hommage à la vérité. » Nouvelle pause encore, après laquelle il dit : « J'atteste l'Etre Suprême que, dans sept jours, il viendra vers nous une infinité de dénonciateurs, qui nous découvriront un chemin assuré pour parvenir à la connaissance de tout ce qu'on s'efforce d'ensevelir dans les ténèbres. Ce chemin restera ouvert jusqu'à la fin du monde, et ne se fermera plus. »

Le P. Salama, du manuscrit duquel le P. Percin dit avoir extrait cette anecdote singulière, la conclut en ces termes : « Celui qui a écrit ceci l'a entendu de ses propres oreilles. » Et le P. Percin, attendri par le discours de cet énergumène, a la bonhomie d'ajouter par réflexion : « C'est bien dans cette circonstance que St. Jean-Chrysostôme se serait écrié : « Voyez quelle douceur porte avec elle la liberté de la prédication. »

N°. IV.

VOICI le portrait que Barthelemy fait de Baïardi , et la description qu'il donne de son entrevue avec lui.

Vaste et infatigable compilateur, respectable par les qualités du cœur , redoutable par sa mémoire à ceux qui entreprenaient de l'écouter ou de le lire , Baïardi avait cultivé toutes les espèces de littérature , et transporté dans sa tête un amas énorme , informe de connaissances qui s'en échappaient avec confusion.

Il préluda par le Catalogue général des monumens conservés à Portici , en un volume in-folio; et , comme les gravures qui devaient les représenter n'étaient pas encore prêtes , il obtint du roi la permission de placer , à la tête du grand commentaire , une préface destinée à nous instruire de l'époque, des suites , et de l'utilité des fouilles d'Herculanum ; il en publia le commencement en sept volumes in-4°., sans avoir entamé son sujet.

Je vais vous exposer sa méthode , pour guider ceux qui seraient tentés de l'imiter. L'interprète des monumens doit faire connaître leurs proportions; mais quelles mesures doit-il employer? Delà une longue incursion sur les mesures des Assyriens, des Babyloniens, des Perses , des Grecs, des Romains. Les monumens furent tirés , la plupart, des ruines d'Herculanum ; ce nom, le même que celui d'Héraclée , fut donné à plusieurs villes. Il faut donc parler de toutes ces villes : incursions dans les champs de la géographie ancienne.

Herculanum fut fondé par Hercule ; mais on connaît plusieurs héros de ce nom, le Tyrien, l'Egyptien , le Grec, etc. Il faut donc les suivre dans leurs expéditions, et déterminer celui auquel notre Herculanum doit son origine : incursion dans les champs de la Mythologie.

On sent bien que de pareilles recherches auraient facilement conduit l'auteur jusqu'au douzième volume ; malheureusement il fut prié de s'arrêter en si beau chemin, et quelque tems après, il revint à Rome, où je l'allai voir. Je lui demandai s'il finirait sa préface : il me répondit qu'il l'avait suspendue, et que, pour se délasser, il s'occupait d'un abrégé de l'Histoire Universelle, qu'il renfermerait en deux volumes in-12, et dans laquelle il préluderait par la solution d'un problême des plus importans pour l'astronomie et pour l'histoire ; c'était de fixer le point du ciel où Dieu plaça le soleil en formant le monde. Il venait de découvrir ce point, et il me le montra sur un globe céleste.

J'ai peut-être trop parlé de monsignor Baïardi ; mais comme je n'écris que pour moi, et tout au plus pour quelques amis, je veux esquisser cet homme, et me raconter à moi-même la première visite que je lui fis à Naples.

Je le trouvai dans une grande salle ; un rhume violent le retenait sur un sofa, dont l'aspect attestait les longs services ; il était couvert de vêtemens si antiques, qu'on les

aurait pris pour les dépouilles de quelqu'an—
cien habitant d'Herculanum. Il travaillait
dans ce moment avec son secrétaire. Je le
priai de continuer, et m'assis au pied du
sofa.

Des moines de Calabre l'avaient consulté
sur une hérésie qui commençait à se ré—
pandre autour d'eux. Ils venaient d'apprendre
qu'un certain Copernic soutenait que la terre
tournait autour du soleil. Que deviendra
donc ce passage de l'Ecriture, qui déclare la
terre immobile, et ce Josué qui arrête le
soleil, et puis le témoignage de nos sens ?
D'ailleurs, comment ne pas tomber, si nous
sommes obligés pendant la nuit d'avoir la
tête en bas ? Le prélat répondait à toutes ces
questions, sauvait l'honneur des livres saints,
exposait les lois de la gravitation, s'élevait
contre l'imposture de nos sens, et finissait
par conseiller aux moines de ne pas troubler
les cendres de Copernic, depuis si longtems
refroidies, et de dormir aussi tranquille—
ment qu'ils l'avaient fait jusqu'alors.

Sa réponse finie, il me réitéra ses excuses,
et je lui dis qu'étant envoyé en Italie par le

roi de France, pour la recherche des mé-
dailles qui manquaient à son cabinet, dont
j'avais la garde, j'ajouterais à ce devoir celui
d'y connaître les savans les plus distingués. Il
ôta son bonnet, redoubla de politesses,
toussa longtems, et me demanda la permission de me présenter la signora Maria Laura,
son ancienne amie, dont les vertus égalaient
les lumières et les talens, qui savait le latin,
le grec et l'hébreu, qui dessinait et peignait
comme Apelle, jouait de la lyre comme
Orphée, et brodait aussi bien que les filles
de Minée. L'éloge durait encore, quand la
signora Maria Laura parut; elle pouvait avoir
de soixante à soixante-cinq ans, lui, de
soixante-cinq à soixante-dix. Dans le courant
de la conversation, il m'assura qu'il descendait du chevalier Bayard, et qu'il était Français, non-seulement de naissance, mais
encore d'inclination. Il se plaignit ensuite de
la manière dont on conduisait les travaux
d'Herculanum, de la négligence des ministres à l'égard des manuscrits, de la jalousie qu'excitait contre lui le traitement
honorable qu'il recevait du roi.

Je ne sais par quel hasard je citai M. le comte de Caylus : aussitôt il s'écrie : « Quoi! vous connaissez M. de Caylus ! C'est mon bon ami. Ecoutez, signora Laura : Ce M. de Caylus est un des plus grands seigneurs de France, un des plus savans hommes du monde ; c'est lui qui préside toutes les académies de Paris, qui protège tous les arts; il sait tout ; il écrit sur tout ; ses ouvrages font l'admiration de toute l'Europe. » Et tout de suite s'adressant à moi, il me dit en français : « *Qu'a-t-il fait le Caylous ? Je n'ai jamais rien vou de loui.* » Et sans attendre ma réponse, il sonna, et se fit apporter une grande boîte toute pleine de papiers ; c'était le recueil de ses poésies latines. Il me proposa d'en entendre un morceau : « J'en serais ravi, lui dis-je ; mais monsignor, vous toussez beaucoup. »

« Il me répondit qu'il sacrifierait tout au plaisir de me procurer quelqu'amusement, et, dans cette vue, il choisit une pièce intitulée : *Description anatomique du cerveau.* Outre que la matière m'était assez étrangère, les Italiens prononcent le latin d'une manière si différente de la nôtre, que le charme de ses vers ne venait pas jusqu'à moi.

« Maria Laura qui s'en aperçut, l'interrompit vers le centième vers, et lui ayant représenté qu'un si beau sujet devait être médité pour être bien senti, elle lui proposa de lire sa *Fontaine de Trevi*. Madame a raison, me dit-il, vous venez de Rome, vous avez plus d'une fois admiré cette belle fontaine, j'y étais quand on la découvrit ; l'*Oestro poetico* s'empara de moi, et je le répandis à grands flots sur la pièce suivante. J'eus beau dire : monsignor, vous toussez beaucoup ; il fallut l'écouter.

N°. V.

CÉSAR dit dans ses Commentaires, que la jeunesse gauloise était fort adonnée à la chasse de l'âne, qu'elle n'acquérait de gloire qu'à proportion du nombre de ces animaux qu'elle perçait ou qu'elle forçait. »

Il en était bien autrement chez les juifs. On lit dans le quatrième chapitre du second livre de *Joséphe* contre *Apion*, le passage suivant : « Apion a osé dire, sur le rapport de *Posidonius* et d'*Apollonius Melon*, que les juifs avaient dans leur trésor sacré une tête d'âne qui était d'or et de grand prix, laquelle ils adoraient, et qu'Antiochus la trouva, lorsqu'il pilla le temple de Jérusalem. »

Les savans, dit *Michælis*, dans un Mémoire sur les Chérubins, ont émis différentes opinions pour justifier les juifs au sujet d'une calomnie si éloignée de toute vraisemblance. Etienne *Morin* et Théodore *Hasée* ont écrit à fond là-dessus ; mais aucun de leurs sentimens ne m'a paru résoudre la difficulté.

On ne peut cependant révoquer en doute qu'il n'ait existé dans le sanctuaire la figure d'une tête d'âne, sans s'inscrire en faux contre tant de témoignages authentiques de tant d'auteurs contemporains ; quant à moi, je crois fermement qu'il y eut dans le sanctuaire une tête d'or, et que cette tête ayant été enlevée, on lui en avait substitué une autre dorée. Je crois qu'*Antiochus* et *Pompée* la virent tous deux ; mais je ne pense pas que les juifs en fissent un objet de leur culte ; c'était, selon moi, une figure de Chérubin....

Du reste, qu'on ne s'imagine point que les hébreux eussent pour certains animaux autant de mépris que nous en témoignons ; les plus notables de cette nation étaient montés sur des ânes, et l'on regardait comme une preuve de noblesse et de fortune de l'être sur des ânes blancs ; on les employait même à la guerre, où l'on prétend qu'ils ne reculaient pas ; il est donc certain que chez les hébreux l'âne était plus en honneur que parmi nous....

Le même académicien ajoute plus bas qu'on impute aux juifs d'avoir adoré l'âne comme un dieu ; c'est une calomnie absurde, démentie par les monumens de l'antiquité judaïque, et par la certitude que ce peuple ne rendit jamais aucun culte aux animaux, même sous les traits des Chérubins qui étaient dans le sanctuaire.

Voilà tout ce que dit *Michœlis*, pour réfuter cette erreur populaire concernant un culte si invraisemblable ; mais d'où cette erreur pouvait-elle puiser sa source ? Plutarque paraît en donner une raison assez plausible. S'il faut l'en croire, le peuple hébreu errant dans le désert, s'y trouvant sans eau et réduit à la dernière extrémité, en fut tiré par un troupeau d'ânes sauvages, qui, ayant passé à la tête du camp, à l'heure que ces animaux ont accoutumé de chercher à boire, se retira sur un rocher environné d'arbres et de buissons ; que Moïse, leur général, ayant jugé qu'ils ne le faisaient pas sans raison, les suivit, et qu'il y trouva une fontaine d'eau vive, qui leur fournit le remède à leurs pressans besoins, et que, dans la suite des tems, pour conserver la mémoire de cet évènement, ils avaient consacré dans leur temple la tête d'un de ces animaux en or.

10.

Nᵒ. VI.

Dans un Mémoire lu à l'Académie de Berlin, en 1774, M. de *Francheville* fait part de ses recherches historiques sur les jumeaux, dont j'ai cru devoir extraire les particularités les plus saillantes, etc.

« Les Annales de Weingarten en Souabe, rapportent qu'Irmentrude, femme d'Isenbraud, rebuta une pauvre femme, chargée de trois jumeaux, dans l'idée qu'ils étaient les fruits de trois infidélités ; que la pauvre affligée lui répondit : « Aussi vrai qu'ils sont de mon mari, puissiez-vous en avoir autant du vôtre en une fois, qu'il y a de mois dans l'année. »

L'imprécation eut son effet. En moins d'un an, la comtesse accoucha de douze enfans mâles ; c'était donc, dans sa manière de voir, onze infidélités qu'elle avait faites à son mari. Pour lui en dérober la connaissance, elle chargea la sage-femme de noyer ces onze enfans ; mais le comte qui était absent, la rencontra, comme il revenait, lui demanda ce qu'elle portait : « Des loups, dit-elle, *Wolf* en allemand. —Voyons-les. » Il vit des enfans, et par ses menaces il lui fit avouer le fait : il était près d'un moulin ; il remit ces onze enfans au meûnier, en le chargeant de les elever en secret.

Six ans après, le jour qu'il célébrait l'anniversaire de sa naissance, il fit venir ces enfans pendant qu'il était à table, tous à-peu-près de la même taille, habillés de la même manière. La compagnie fut charmée de voir une si belle et si nombreuse famille, et le comte demanda quelle peine méritait la mère dénaturée qui avait voulu les faire noyer. La comtesse en pleurs tombe aux genoux du comte, qui lui pardonne.

En mémoire de cet évènement, le douzième de ces enfans fut nommé *Wolf*, ou loup ; les onze autres ont été la tige de onze maisons puissantes, d'où sont issus l'empereur Conrad Ier., les comtes de Hohen-Zollern , palatins de Trèves, Franconie, ducs de Souabe, etc.

Wolf succéda à son père dans le comté d'Altorf, et mourut en 850. Je ne doute pas que cette tradition n'ait quelque chose de vrai, ne fût-ce que l'heureuse fécondité de cette Irmentrude, qui donna lieu d'en parler d'abord avec admiration, et d'en faire ensuite un prodige, en supposant ces douze fils jumeaux.

A cette circonstance très-naturelle, qu'un douzième enfant soit né après les onze premiers, on l'aura appelé *Zwolff* douze ; ôtez le *z*, il restera *Wolff*, loup ; changez *o* en *e*, on aura *Welf*, dont on a fait *Guelf*, en changeant *w* en *gu*. La langue allemande est remplie de ces altérations ; alors l'explication du prodige de douze enfans disparaît.

Levinus Lemmius, célèbre médecin hollandais, dans son Traité *de Admirandis occultâ naturâ*, l. 1, ch. 8, rapporte un accouchement qui, par sa singularité, mérite de trouver ici une place. « Il y a quelques années, dit-il, que la femme d'un marinier de Zélande, dont j'étais le médecin, étant devenue enceinte , son ventre commença à s'enfler si énormément, qu'on ne croyait pas qu'elle fût capable de porter le poids de sa grossesse jusqu'au terme ; cependant elle ne laissa pas d'y parvenir , quoiqu'avec beaucoup de peine , à la fin du neuvième mois. Le travail de l'enfantement fut long et difficile ; mais à l'aide d'un habile sage-femme , elle se délivra d'une masse de chair informe , ayant deux anses en guise de bras , et palpitante comme si elle eût eu une espèce de vie, ainsi que les éponges et les orties de mer ; ensuite il sortit du corps de la femme un monstre qui avait une queue pointue , un bec crochu , et une grande agilité dans les pieds. A peine il eut vu le jour, qu'il fit entendre dans la chambre des cris aigus , et, courant çà et là , il cherchait à se cacher; mais les femmes qui assistaient l'accouchée l'étouffèrent avec des coussins.

Enfin cette pauvre femme , prête à succomber aux douleurs d'un travail de trente-six heures , mit au monde un enfant mâle , très-bien formé , mais qui avait été si mal-

traité par le monstre , qu'il expira un moment après qu'on l'eut baptisé.

Selon le célèbre Pic de la Mirandole , Do-
rothée eut en deux couches vingt enfans ,
neuf dans l'une, onze dans l'autre ; elle était
si grosse, qu'elle soutenait son ventre qui lui
descendait jusqu'aux genoux, avec une grande
bande qui la prenait aux épaules et au cou.
Ambroise Paré en a inséré la figure dans ses
Œuvres.

Carpi dit, dans son Traité sur l'Anatomie,
que Julius Scatinarius vint au monde avec six
autres fœtus, qu'une dame de Gênes, de la
famille *Boccallegra* avait mis au monde seize
fœtus humains , longs de quatre pouces ,
ayant tous du mouvement, et un dix-sep-
tième qui avait la forme d'un cheval , et re-
muait aussi; tous les dix-sept étaient enve-
loppés d'une membrane.

En 1503, à Valenciennes , une femme de
la paroisse Saint-Jacques accoucha de deux
enfans mâles, qui furent baptisés dans cette
paroisse : il se trouva , sans qu'on y eût
pensé , que le père et le grand-père des enfans, les parrains et le prêtre avaient tous été

jumeaux. Sans qu'on y eut pensé ! s'il faut en croire Henri et Pierre d'Outreman , auteurs d'une histoire de Valenciennes.

Ambroise Paré observe , dans ses Œuvres de Chirurgie , page 966 , qu'à Paris , au cimetière des Innocens , on lisait cette épitaphe , au bas du neuvième pilier :

« Cy gist honorable femme Yollande Bailly, jadis femme d'honorable homme Denis Capel , procureur au Châtelet de Paris , qui trespassa le 17 avril le quatre-vingt-huit an de son aage , le quarante-deux de son veufvage ; laquelle a veu ou peu voir devant son trépas, deux cent quatre-vingts enfans issus d'elle. »

La femme de *Milet* de Rabastens , en Languedoc, eut , en 1769 , deux jumeaux joints ensemble par les fesses. Le même jour ces enfans furent portés à l'église et baptisés. On leur fit avaler du lait avec une cuiller. Le lendemain , l'un d'eux demeura pendant quatre heures sans donner le moindre signe de vie ; ensuite il commença à remuer les lèvres, se colora et revint entièrement; mais aussi l'autre tomba dans l'état dont le premier sortait ; ces faiblesses furent alternatives, mais de moindre durée que la première fois, jusqu'au lendemain, à trois ou quatre heures du matin, qu'ils moururent tous deux à-la-fois.

A Noroy, en Franche-Comté, une femme accoucha d'un enfant à deux têtes; l'une de ces deux têtes conforme aux règles que la nature a prescrites, l'autre entièrement difforme. *Menaus*, chirurgien à Molans, ayant été appelé pour secourir cet enfant qui était expirant, observa que la deuxième tête était la cause unique de sa défaillance; il en fit l'amputation, l'enfant reprit beaucoup de forces; néanmoins il ne put survivre que quatre jours.

En 1773, il mourut à Paris, deux Suisses âgés de quatre-vingt-un ans; ils étaient jumeaux : nés à huit heures de distance l'un de l'autre, et moururent de même.

N°. VII.

LA correspondance entre deux savans, sur les objets de pure érudition, est généralement peu intéressante pour la plupart des lecteurs ; mais si, parmi ces discussions, il s'élève entr'eux une lutte où l'amour-propre soit offensé , c'est alors que l'aridité des raisonnemens fait place à la chaleur d'une éloquence naturelle , que les figures de réthorique, les mouvemens oratoires captivent l'attention par un vif intérêt qui a sa source dans les cœurs. Tel est celui que m'a paru devoir inspirer l'extrait suivant de deux lettres du P. Daniel, et de l'abbé de Camps, concernant quelques passages de l'Histoire de France. Je l'ai puisé dans les originaux , qui, pendant quelque tems , ont resté entre mes mains.

Réponse de M. de Camps , à la réfutation qu'avait faite le P. Daniel de sa dissertation sur le titre de roi très-chrétien , etc.

Si votre lettre , mon révérend père , et la réfutation qu'elle contient ne portaient pas votre nom , on les aurait attribuées à tout autre , plutôt qu'à un religieux qui doit être dans toutes les actions de sa vie un exemple de modération ; car on n'aurait pu se persuader qu'il eût écrit avec tant d'aigreur ; qu'il eût employé la raillerie et les invectives , et que, dans un écrit donné au public , il ait osé me traiter de chimérique , et former contre moi des occasions d'imposture , et même porter la témérité jusqu'à me menacer , parce que j'ai dit qu'on doit être surpris qu'un homme aussi habile que vous l'êtes ait avancé dans l'Histoire de France , que vous avez donnée au public en 1713 , que le pape Paul II avait accordé au roi Louis XI , et à ses successeurs , le titre de très - chrétien , d'autant que le P. Mabillon avait déjà réfuté le sentiment de ceux qui attribuaient la même concession au pape Pie II , prédécesseur immédiat de Paul II. Qu'y a-t-il en cela d'offensant pour vous ?

Si vous aviez au moins cité quelques auteurs de qui vous avez appris que ce fut Louis XI qui rendit propre le titre de très-chrétien à la personne de nos rois, de concert avec le pape Paul II , ainsi que vous l'assurez par votre histoire , ç'aurait été ces mêmes auteurs que j'aurais réfutés , et je me serais bien donné de garde de vous nommer, de peur que vous ne m'en fissiez un crime d'état , ainsi qu'il paraît que vous le faites dans la réponse dont vous avez bien voulu honorer ma dissertation ; mais comme vous n'en citez aucun , vous m'avez donné lieu de croire que c'est une addition de votre propre crû. Si vous entrez dans de tels emportemens , pour si peu de chose , que serait-ce, et que ne diriez-vous pas , si l'on faisait paraître une critique entière de votre histoire ? Ce serait pour lors que l'on verrait répandre les libelles et les lettres anonymes.

Vous, M. R. P., qui n'avez épargné personne dans votre histoire , qui vous êtes efforcé de renverser la haute idée qu'on a eue jusqu'à présent des premiers rois des Français, ancêtres de Clovis, en ne les traitant que de roitelets, ou petits rois, et soutenant, comme vous faites, qu'ils n'étaient pas de la même famille, ni même parens ;

Vous qui faites l'injure aux Français de les caractériser du nom de Barbares, quoique les auteurs grecs et latins de ces tems-là aient écrit que la nation française avait ses lois, et n'était pas moins policée que les Romains ;

Vous qui, pour diminuer la grandeur de la monarchie française (édit. de 1696, p. 1, 2, 3), et pour lui ôter l'autorité sur les autres, lui retranchez par des argumens très-captieux, soixante-neuf ans d'antiquité depuis son établissement dans les Gaules, en ne le fixant, comme vous faites, qu'en 486, sous les premières années du règne du grand Clovis, que vous ne voulez reconnaître que pour notre premier monarque, en-deçà du Rhin ;

Vous qui n'avez pas rougi de donner à ce même monarque le nom de roi barbare, et de roi tyran, et d'obscurcir l'éclat de ses

plus grandes vertus par l'opposition de quél-
ques vices, mais toujours imaginaires ;

Vous qui, par une épithète qu'on ne peut
excuser, donnez celle de conjoncture fatale
(édit. de 1696, p. 34) au moment que Dieu
s'était réservé pour rendre Clovis (bataille de
Tolbiac) victorieux de ses ennemis, et pour
opérer sa conversion, et que, pour répandre
le doute et même l'incrédulité sur ce grand
évènement, que des saints et des auteurs
fort graves, et même toute l'Europe chrétienne n'ont regardé que comme un vrai miracle, vous ne l'attribuez (édit. de 1696,
p. 41 ; édit. de 1713, col. 19), alternative-
ment même, tantôt qu'à l'adresse et à l'arti-
fice des hommes, et tantôt qu'à des prodiges;

Vous qui, par un déchaînement continuel
contre la gloire de ce monarque, et pour en
imposer au public, avez osé avancer que
Grégoire de Tours (édit. de 1696, p. 113 ;
édit. de 1713, col. 54), au quarantième
chapitre de son histoire, n'en donne que
l'affreuse idée d'un barbare, d'un tyran,
en parlant de la mort de Sigisbert, roi de
Cologne, et de Cloderic son fils ; quoique
cet auteur le représente comme un autre

David , en disant , à ce sujet , que Dieu ne renversait chaque jour les ennemis de Clovis, et ne les lui soumettait , pour augmenter son royaume , que parce qu'il marchait le droit chemin devant lui , et qu'il faisait ce qui lui était agréable :

> *Prosternebat enim quotidie Deus hostes ejus sub manu ipsius , et augebat regnum ejus , eò quod ambularet recto corde coràm eo , et faceret quæ placita erant in oculis ejus.*

Vous qui , sans aucun ménagement pour nos monarques, avez eu la témérité de parler sans le moindre respect de leur personne et des princes de leur sang, de soutenir contre la disposition fondamentale de l'Etat, que leur couronne est devenue élective, sous la deuxième race , d'héréditaire qu'elle était sous la première ;

Vous qui ne vous êtes fait aucun scrupule de saper les fondemens des libertés de l'église gallicane , et de blâmer la conduite et la probité des magistrats du premier parlement du royaume. Vous enfin qui , pour établir votre nouveau systême sur l'Histoire de France ,

vous êtes donné la licence de décrier la plupart de nos meilleurs historiens, et de les re-
jeter, comme apocryphes, lorsque leur sentiment ne convenait pas à vos desseins ; vous ne
voulez pas cependant souffrir qu'on relève la
moindre de vos fautes.....

Pour en revenir au titre de *très-chrétien*,
j'ai rapporté plusieurs autorités de bons historiens et de savans jurisconsultes, qui le
donnent à nos princes issus du sang de France
par mâles ; vous n'en réfutez aucune : quelque gêne que vous puissiez donner à votre
esprit pour les réfuter, je vous en fais un défi
formel, et s'agissant de la grandeur de la
Maison de France et de l'honneur de notre
nation , j'acheverai pour lors de vous faire
voir devant tels examinateurs qu'il plaira à
monseigneur le Régent de nommer, que non-
seulement les papes et les autres auteurs que
j'ai cités ont reconnu St. Arnoul et sa postérité , pour princes issus du sang de France ,
par mâles , et que ce n'est qu'en cette qualité qu'ils leur ont donné le titre de très-
chrétien, à l'exclusion même de ceux qui ont
eu pour mères des princesses du même sang :

et j'ajoute dès-à-présent , pour achever de vous confondre , que les princes issus du sang de France , en qualité de princes très-chrétiens , ont même prétendu dans les conciles , que leurs ambassadeurs y devaient avoir le premier rang après les ambassadeurs des rois , et avant ceux des électeurs de l'Empire , et que cette prérogative y a été décidée en leur faveur.

Au reste , quand il plairait à Monseigneur le Régent de nommer des examinateurs savans dans notre histoire , pour juger de la solidité de mon système ou de votre réfutation , ce ne serait pas une nouveauté , lorsque le sieur Chantereau Lefebvre , conseiller-d'état , s'éleva par une savante dissertation contre l'histoire de la prétendue véritable origine de la Maison de France , composée par Jean Du Bouchet, et qui ne faisait sortir St. Arnoul et sa postérité du sang royal , que par le prétendu mariage de Batilde , prétendue fille de Clotaire Ier. , avec un Gaulois d'origine, et bourgeois de Narbonne ; et Du Bouchet eut recours à tous les frondeurs de ce tems-là pour empêcher que la dissertation

du sieur Chantereau ne parût ; le feu roi
nomma le baron d'Auteuil , les sieurs Blondel
et de Valois, très-savans dans notre histoire,
et le P. Labbé , jésuite , pour examiner les
raisons de part et d'autre. Ils s'assemblèrent
chez MM. Dupui , gardes de la Bibliothèque
de sa Majesté ; et le grand prince de Condé
crut que la gloire du sang de France y était
assez intéressée pour y présider; il assista à
toutes les conférences , dont le résultat fut
que le sieur Chantereau ferait imprimer sa
Dissertation , et que l'extraction que Du
Bouchet donnait à St. Arnoul, n'était pas
selon la science et la vérité de l'Histoire.

Du Bouchet en eut de la confusion, et
avoua lui-même que les épreuves de son
ouvrage étaient de nulle valeur , et confessa
que son livre était son premier coup d'essai (1).

Je suis persuadé , M. R. P., que si l'on
entrait dans un semblable examen de votre
réfutation et même de votre Histoire de
France , pressé par la force de la vérité ,

____

(1) Cette relation est rapportée dans la Bibliothèque historique du P. Le Long, no. 9887 , p. 323.

vous feriez un aveu aussi ingénu que celui de Du Bouchet. *Etiam nolentibus erumpit veritas.*

Je passe aux reproches que vous me faites au sujet de votre Histoire de la milice française. Vous dites que c'est par jalousie que j'ai refusé de vous communiquer la mienne ; et à vous entendre parler, il semble que j'ai sollicité le R. P. le Long de l'annoncer dans sa Bibliothèque historique ; que ce n'est que pour vous enlever l'honneur d'y avoir travaillé le premier. Je vous prie de ne trouver pas mauvais si je vous dis que c'est encore une autre supposition.

Je puis prouver par une lettre que j'ai reçue de M. de Louis, secrétaire d'état, au mois de juin 1688, étant alors à Pamiers, que je lui avais déja envoyé le plan de cet ouvrage, et même toute la partie qui regarde les guerres d'Espagne, de Catalogne et de l'Armagnac, avec une notice des différens changemens arrivés sur les limites des frontières du royaume de ce côté-là, et des grandes terres que les comtes de Foix ont possédées dans les Pyrénées, dans la Catalogne, et

dans le royaume de Valence, ou par succession, ou par acquisition. Ce ministre me
sollicitait par lettre d'achever cet ouvrage,
comme j'ai fait dès l'année 1695. Il m'ordonnait en même tems, de la part de Sa Majesté, de me nantir des titres originaux pour
les remettre entre les mains de M. le procureur-général qui m'en donnerait une dé-
charge au pied de l'inventaire qui en serait
dressé, ce qui a été exécuté : ce n'a été que
plusieurs années après, qu'ayant appris que
je faisais copier, et mettais en ordre les
extraits d'historiens et les autres pièces qui
devaient servir de preuves, que vous avez
commencé à publier que vous alliez travailler
à l'Histoire de la milice des Français, sans
doute pour me dégoûter de la mienne ; la
vôtre cependant n'était encore qu'en idée ;
car vous demandiez pour cela des mémoires
à tous les gens de lettres ; et il n'y a pas
quatre mois que vous en demandiez encore
à des officiers des armées de Sa Majesté, que
vous croyez les mieux instruits des différens
changemens qui sont arrivés dans l'ordre de
la disposition des armées.

Ce ne fut donc , s'il vous plaît , qu'en l'année 1714 , que m'ayant rencontré à l'archevêché , vous me demandates si je ne pourrais pas vous fournir quelques mémoires pour remplir votre dessein ; je vous dis pour lors que j'avais fait l'Histoire des guerres des Français depuis le commencement de la monarchie.

Vous m'avez sollicité de vous la faire voir ; vous êtes venu chez moi, et je vous l'ai mise entre les mains ; vous en avez lu la préface et le sommaire , dont on n'a mis qu'une partie dans le Mercure d'octobre 1719. Vous en avez loué l'ordre, et même fait paraître quelque surprise que je me fusse donné la peine de la diviser par règnes de nos monarques. Vous en avez vu ensuite pièce par pièce les preuves qui composent trois gros vol. in-fol. Je ne manquerais pas de témoins de cette communication , et vous avez aussi reconnu que je vous ai laissé une ample moisson , n'ayant pas voulu entrer dans beaucoup de petits détails que j'ai cru très-inutiles , parce qu'ils ne sont pas à nos usages, et que, d'ailleurs, ce ne sont, la plupart, que des

minuties qui ne peuvent servir qu'à amuser
des écoliers , et qu'à les détourner de quelqu'étude plus nécessaire. Ce fut douze ou
quinze jours après qu'elle me fut apportée
par un quidam , et qui me mit en quelque
défiance , parce que j'y remarquai que vous
aviez affecté de ne pas dater cette lettre , et
de faire semblant que vous n'aviez pas encore
eu la communication de mon ouvrage.

« Monsieur , je ne sais si vous vous sou-
« venez, mais pour moi je ne l'ai pas oublié,
« qu'il y a quelque tems que vous me fites
« espérer la grâce de me donner la commu-
« nication de vos curieux porte-feuilles sur la
« milice française. Vous devez me savoir gré
« de ce que je ne vous ai pas plus tôt sommé
« de votre parole, malgré l'empressement que
« j'ai de satisfaire ma curiosité là-dessus ; je
« me borne d'abord aux rôles des montres et
« des arrière-bans. Je vous promets d'avoir
« soin qu'ils ne soient pas gâtés , comme ils
« le méritent. Le porteur de ce billet est
« homme sûr et sage ; si vous jugez à propos
« de l'en charger , vous me ferez un extrême
« plaisir. Je suis par avance , avec beaucoup

« de reconnaissance et tout le respect pos-
« sible, monsieur, votre, etc. *Signé* DANIEL. »

On voit par cette lettre, que vous vous
bornez d'abord à la communication des trois
volumes de preuves ; c'était vous réserver à
me demander ensuite le corps de l'Histoire ;
je vous fis réponse que je ne pouvais pas vous
les envoyer, que je vous en donnerais encore la communication, autant de fois que
vous voudriez venir chez moi ; et pour vous
en épargner la peine, je vous indiquai les
endroits d'où vous pouviez tirer les mêmes
preuves que j'ai recueillies et mises ensemble.
Mes lettres ne méritent pas d'être conservées ;
mais si vous aviez encore celle-ci, vous se-
riez en état de faire voir si je dis vrai ou non.

Un aussi habile homme que vous, qui a
vu le plan et la disposition d'une histoire,
est en état de composer en peu de tems un
gros livre sur la matière, et sans se donner
beaucoup de peine, lorsqu'on lui a mis entre
les mains toutes les preuves. A Dieu ne plaise
que je vous soupçonne d'aucun mauvais dessein sur cela ; mais ne vous plaignez plus au
public que je ne suis pas communicatif, et

que j'ai refusé de vous communiquer ce que vous m'avez demandé ; car je serais obligé de faire voir encore que cela n'est pas.

Voyons maintenant si c'est avec plus de justice que vous m'accusez de n'avoir pas parlé obligeamment de votre Histoire. Vous en avez fait paraître un volume in-4°., en 1696. Je vous avoue de bonne foi qu'il ne m'avait pas prévenu en votre faveur ; je ne vous connaissais pas encore : les **PP.** Palu et de la Mèche, jésuites, m'étant venus voir, me demandèrent si je vous connaissais ; je leur répondis ingénûment que non, mais qu'il me paroissait que les deux yeux de l'Histoire vous manquaient, la *Géographie* et la *Chronologie*, et que, sans ces deux flambeaux qui doivent guider l'esprit, il n'était pas surprenant que vous vous fussiez autant égaré que vous l'aviez fait.

Quant à celle que vous avez fait imprimer en 1713, que pouvais-je en avoir dit, M. R. P., de plus que le public n'en savait avant même que vous l'ayez fait paraître ? On n'ignorait pas qu'aussitôt qu'elle parut, elle fut dénoncée, et que sur cette dénon—

ciation , dont on a même des copies , le débit en fut arrêté pendant quelque tems.

Il y avait déja un très-grand nombre de généreux défenseurs de l'honneur de cette monarchie , de la gloire de nos monarques, des prérogatives de leur sang , des droits de leur couronne , et des libertés de l'église gallicane , qui avaient la plume à la main pour réfuter votre Histoire; l'on sait aussi les judicieuses précautions que vous avez fait prendre depuis 1713 jusqu'en 1715 , pour faire en sorte qu'on n'imprimât rien contre vous.

Au reste , je ne me souviens pas qu'aucun homme de lettres m'ait demandé mon sentiment sur cette dernière Histoire ; je doute même que vous puissiez prouver que j'en aye parlé désobligeamment. Je n'en ai ouï parler que par des femmes qui la louaient avec beaucoup d'exagération. Si vous souhaitez en savoir mon sentiment , j'y satisferai avec franchise , et ce sera le sujet d'une seconde lettre. Je suis , etc.

Réplique du P. Daniel à l'abbé de Camps.

Je suis très-fâché , monsieur, de vous avoir pour adversaire ; je souhaiterais n'en avoir jamais aucun, et vous encore moins que tout autre : je puis, au moins, me rendre ce témoignage, et le public peut me le rendre aussi, que, dans les petits différens littéraires que j'ai eus , soit en matière de théologie, soit en d'autres matières , je n'ai jamais été l'agresseur, et que j'ai toujours été, d'abord uniquement, sur la défensive. Vous m'y mettez encore , monsieur, malgré moi, en paraissant vouloir me faire un crime d'état, non-seulement de ce que j'ai écrit sur le sujet particulier dont il s'agit entre nous , mais encore de tout ce que j'ai écrit dans mon Histoire de France. Ai-je pu ou dû ne me pas défendre ? Je vous ai répondu, et vous avez répliqué ; mais de quelle manière ? permettez-moi de le dire ; vous ne satisfaites nullement sur les choses de fait , et qui étaient cependant le

II.

fonds de ma réponse ; et ensuite vous invec-
tivez contre moi d'une manière atroce ; c'est
le terme dont se servent ceux qui ont lu
votre réplique.

Ce qui est admirable, monsieur, c'est
que, dès le commencement de cette réplique, vous me reprochez de m'être
écarté de la modération que prescrit mon
état ; et comme si l'état d'abbé ou de prêtre
vous donnait toute licence, vous prenez,
en me répliquant, le ton le plus violent et le
style le plus amer qu'on ait jamais vu : je ne
m'amuserai point à faire des extraits de votre
invective pour prouver ce que je dis.

Trouvez bon que je vous ramène au fait,
et que je ne prenne pas le change. Je me
suis plaint, premièrement, de ce que vous
avez changé et altéré le texte de mon Histoire
de France ; et comme j'étais en garde sur
l'article de la modération, plus que vous
ne voulez le faire croire, je me suis abs-
tenu du mot le plus propre pour exprimer ma pensée touchant le changement que
vous y avez fait, de peur de vous offenser;
et que j'avais lieu d'appeler une satisfaction.

Je me suis plaint, en second lieu, de ce que vous m'avez attaqué par l'autorité de dom Mabillon. Quelque vénération que j'aie pour le mérite de ce savant homme, pensez-vous que c'eût été pour moi un grand crime de m'éloigner de son sentiment! Mais je vous ai montré, clair comme le jour, que non-seulement j'ai pensé, mais encore que j'ai parlé comme lui, et presque en copiant ses propres termes. C'est le second fait que vous aviez à réfuter dans votre réplique, supposé que vous voulussiez vous hasarder à en faire une.

Enfin, j'ai examiné les raisons sur lesquelles vous appuyez votre paradoxe, que le titre de très-chrétien a été tellement attaché par une distinction particulière à Clovis et à sa maison royale, qu'il n'y a eu que les rois qui ont succédé à ce grand monarque, et les princes issus de son sang par mâles, auxquels il ait été donné, à l'exclusion de tout autre prince de la chrétienté : il ne s'agit précisément que de ces trois points entre nous.

Le P. Daniel, après avoir réfuté ces

trois points, *touche*, suivant son expression, quelques autres morceaux de la réponse de son adversaire.

Commençons, lui dit-il, par celui qui doit vous avoir fait beaucoup d'honneur; car il a fait connaître au public ce que peut-être il ne connaissait pas, que vous avez beaucoup de talens pour l'éloquence; et c'est sans doute le plus bel endroit de votre philippique; c'est une apostrophe des plus vives que vous me faites : vous y poussez et soutenez à merveille cette figure, et vous emportez la pièce. Pour ne vous rien dérober de la gloire qu'elle vous a acquise, je la vais mettre ici tout du long.

En effet, le P. Daniel copie littéralement l'apostrophe toute entière de l'abbé de Camps.

Voilà, dit-il ensuite, de belles choses, et de quoi vous faire une grande réputation par votre zèle pour la gloire de la nation française. Mais parlons maintenant plus sérieusement. Ce qui m'a fait le plus de peine dans cet endroit de votre réplique, c'est que je me suis imaginé d'abord que, pour y ré-

pondre, il me faudrait faire un volume
entier, tant il contient de faits importans, et
qui tendent, ce me semble, à me faire déclarer criminel d'état; c'est pour cela qu'après
avoir un peu refléchi, j'ai pris le parti de vous
répondre, seulement en général, que votre
dissertation est pleine de fausseté, de mali-
gnité, de tours odieux que vous donnez à ce
qu'il y a de plus innocent, et à ce que j'ai
écrit avec le plus de circonspection, et je
puis ajouter, de puérilité.

Si les excès que vous me reprochez avaient
quelque fondement, il y aurait déja longtems que le public se serait récrié et révolté
contre moi, et que la cour, les magistrats,
les évêques auraient puni ma témérité, sans
attendre le nouveau tocsin que vous sonnez
aujourd'hui. Mais, graces à Dieu, depuis
sept ou huit ans que mon Histoire de France
paraît, je n'ai reçu de toutes ces illustres
personnes que des honnêtetés et des con-
jouissances dont j'ai souvent eu de la confusion. Dites tout ce qu'il vous plaira ; que
vous n'avez ouï parler de cet ouvrage que
par des femmes qui le louent avec exa-

gération : il n'a tenu qu'à vous, monsieur, si la passion ne vous avait pas bouché les oreilles, d'en entendre beaucoup d'autres en dire du bien. Vous m'obligez, malgré moi, à m'exprimer de la sorte pour me défendre.

Mais, monsieur, y avez-vous bien pensé, en m'accordant ainsi le suffrage des dames, et en avouant qu'elles ont été mes panégyristes jusqu'à l'exagération ? il semble que vous les comptiez pour rien. Pour moi, je n'en juge pas de même : parmi les dames, il y en a une infinité qui valent mieux que des hommes par l'esprit, par le bon sens, par le discernement, par le bon goût ; et il y en a quelques-unes dont on pourrait dire la même chose pour la science, sur-tout en matière d'histoire. Je vous suis très-obligé de cet aveu, et d'autant plus que certainement je n'ai pas brigué leurs suffrages. J'en connais très-peu, et l'on ne me voit jamais dans les cercles. Je suis ravi d'apprendre de vous cette nouvelle, dans mon cabinet.

Mais revenons au bel endroit de votre réplique ; vous n'y taillez bien de la besogne, et à vous aussi ; pourquoi y revenir à tant de fois ! Je vais vous suggérer des moyens plus courts et plus dignes de vous, pour vous dédommager de quelques succès qu'a eus mon Histoire de France. Le premier est de faire imprimer incessamment la vôtre ; elle est, à ce que vous m'apprenez, depuis plusieurs années, toute prête à être mise sous la presse ; faites-la imprimer : si elle coule à fond la mienne, je m'en consolerai, et je vous rendrai justice. Pourquoi différez-vous si longtems de faire un si riche présent au public ?

Je vous propose un second moyen : vous me menacez de faire paraître une critique entière de mon Histoire. A la vérité, il est beaucoup plus aisé de critiquer que de mieux faire ; mais n'importe, je consens que vous mettiez vos menaces à exécution ; j'aime mieux me voir accabler tout d'un coup, que de tant languir. Je vous conjure de faire voir le jour à cette critique entière, et de ne point vous amuser davantage à carabiner par vos dissertations que vous lâchez, les unes après les autres : cela n'est pas digne d'un célèbre et d'un savant homme comme vous ; cela ne convient qu'à des petits auteurs qui ont la démangeaison de faire imprimer, et qui n'ont pas les reins assez forts pour entreprendre un ouvrage considérable. Vous faites assez entendre que vous avez de la matière plus qu'il ne vous en faut : d'ailleurs, je me fais justice à moi-même ; je ne me regarde pas comme infaillible, et je ne présume point assez de moi pour croire que, dans un ouvrage d'une aussi grande étendue que le mien, où il entre un million de faits, je ne sois pas tombé dans quelques méprises. Je vous avouerai même qu'il y en a que j'ai reconnues ; que j'en corrige quelques-unes dans l'édition de Hollande, qui commence à paraître, et que, si j'avais été sur les lieux, je n'en aurais pas encore laissé passer quelques autres. Ainsi, hâtez-vous, ne vous laissez point prévenir ; car s'il se fait encore quelques nouvelles éditions, la matière de votre critique diminuera à mesure. Si vous ne suivez pas mon conseil, monsieur, je vous déclare que je vous laisserai triompher seul, dans le champ de bataille que vous avez choisi ; que vous y débiterez impunément vos injures et vos raisonnemens , et qu'ayant autre chose à faire , je les honorerai d'un profond silence ; dussiez-vous donner à ce silence telle interprétation qu'il vous plaira.

Je ne veux pas encore en user de cette manière avec vous , et je vais répondre à une proposition que vous me faites dans votre lettre. Vous me ferez voir , dites-vous , devant tels examinateurs qu'il plaira à Mgr. le Régent de nommer , que les papes , etc. ont reconnu S. Arnoul et sa postérité , pour princes issus du sang de France. Ah , monsieur ! de bonne foi , qui sommes-nous , et quel est le sujet de notre dispute pour la porter jusqu'au tribunal de Mgr. le Régent ? parlez-vous donc ici bien sérieusement ? Je né le crus pas d'abord ; mais , oui sans doute ; car vous ajoutez un exemple où le grand prince de Condé fut arbitre entre le sieur Chantereau-Lefevre et le généalogiste Du Bouchet. Mais je ne sais , monsieur , si vous savez une petite particularité que j'ai apprise de bonne part ; c'est que M. le duc d'Epernon et le père Jourdan , jésuite ,

confesseur de S. A. S. Madame, ayant renou-
velé le procès quelques années après, et
s'étant adressé à M. le prince de Condé pour
décider le différend, ce grand prince, fati-
gué de toutes ces bagatelles, leur dit :
« Messieurs, nous vous sommes fort obligés
« de l'intérêt que vous prenez à nous. »
Je crois qu'il faut vous en tenir à une si
judicieuse réponse, et que Mgr. le Régent pourrait bien vous faire le même compliment, si vous osiez l'importuner là-
dessus.

Mais, monsieur, prenez garde sur cela
de vous donner un ridicule ; car pourquoi
voudriez-vous me faire un procès au tribunal de Mgr. le Régent, sur la filiation de
la troisième race, moi qui n'ai jamais parlé
ni pour ni contre, et qui ne me suis, en
nulle occasion, déclaré contre votre système ?
Si vous vouliez vous faire, de gaîté de cœur,
des adversaires, que n'en choisissiez-vous de
plus illustres que moi, qui, selon vous, ne
sais que médiocrement l'histoire de France ?
Vous n'avez qu'à attaquer messieurs de
Sainte-Marthe, qui rejettent votre senti-

ment ; ils sont des adversaires bien plus dignes de vous que je ne suis , et bons Français , de l'aveu de tout le monde , sans se croire, pour cela, obligés de faire descendre nos rois de Saint-Arnoul.

Enfin , monsieur , venons à la dernière page de votre réplique, où vous me parlez de la sorte. « Quant à votre histoire , me « dites vous, que vous avez fait imprimer « en 1713, que pouvais-je en avoir dit , « M. R. P., de plus que le public en savait « avant même que vous l'ayez faite impri- « mer ? On n'ignorait pas qu'aussitôt qu'elle « parut, elle fut dénoncée, et que , sur cette « dénonciation , dont on a même des copies , « le débit en fut arrêté pendant quelque « tems. Il y avait déja un très-grand nombre « de généreux défenseurs de l'honneur de « cette monarchie, de la gloire de nos mo- « narques, des prérogatives de leur sang, « des droits de leur couronne, et des libertés « de l'église gallicane , qui avaient la plume « à la main pour réfuter votre Histoire; l'on « sait aussi les judicieuses précautions que « vous avez fait prendre depuis 1713 jus-

« qu'en 1715 pour faire en sorte qu'on n'im-
« primât rien contre vous. »

Voilà , M. l'abbé , la péroraison de la
sanglante invective que vous avez faite contre
moi dès le commencement de votre réplique.
Je vous passe d'abord ce galimatias , en vous
demandant seulement comment le public
savait ce qu'il y avait dans mon Histoire avant
que je l'eusse faite imprimer. Mais est-il de
la prudence , pour un homme comme vous,
d'avancer un fait faux ; savoir, que depuis
que mon Histoire a paru , le débit en a été
arrêté pendant quelque tems ? Ce fait est
très-faux , permettez-moi de vous le dire ; la
passion vous emporte, monsieur, et ce n'est
pas l'unique fausseté qui vous ait échappé
dans ce peu de lignes ; le malheur pour vous
est , que ces faussetés ne font que vous
déshonorer, et que ce que vous dites de vrai
est à mon avantage. Par exemple, on n'ignorait pas , dites-vous , qu'aussitôt que votre
Histoire parut , elle fut dénoncée. Cela est
vrai : vous ajoutez qu'il y avait déja un très-
grand nombre de généreux défenseurs de
l'honneur de cette monarchie, de la gloire de

nos monarques , des prérogatives de leur sang , des droits de leur couronne et des libertés de l'église gallicane , qui avaient la plume à la main pour réfuter votre Histoire.

Que peut-on conclure delà , monsieur , sinon que vous et d'autres gens de votre caractère aviez grande envie de me faire de grosses affaires, et d'empêcher de toutes vos forces le succès de mon ouvrage ? Voici ce que j'en conclus : la dénonciation fut faite ; un grand nombre de gens avaient la plume à la main pour me réfuter; mais la dénonciation n'eut aucun effet, elle fut rejetée et méprisée ; ce prétendu grand nombre d'auteurs laissèrent tomber la plume de leur main ; donc la dénonciation était mal fondée ; donc ce grand nombre d'adversaires qui avaient si bonne volonté , n'ont rien trouvé. Vous faites, monsieur, par tout cela, l'éloge de mon Histoire.

Vous ajoutez : l'on sait aussi les judicieuses précautions que vous avez fait prendre depuis 1713 jusqu'en 1715, pour faire en sorte qu'on n'imprimât rien contre vous : d'où le savez-vous, monsieur ? Et puisque vous le savez , je vous permets de le faire publier ;

vous le devez faire sous peine d'être convaincu de mensonge : je vous déclare donc que ce que vous avez avancé ici est très-faux, et que je n'ai jamais pris l'alarme sur les menaces qui m'ont été faites à cette occasion. Mais vous me donnez lieu de dire ce qui se passa au sujet de la dénonciation ; je ne ferai nulle difficulté d'en instruire le public : on présenta un mémoire très-injurieux contre mon Histoire et contre moi à M. le chancelier de Pont-Chartrain. Une personne de grande considération me le communiqua par son ordre ; je ne jugeai pas à-propos d'y répondre ; j'écrivis seulement une lettre à la même personne qui la lut à M. le chancelier; et une autre personne à qui celle dont je viens de parler, donna la commission de m'apprendre le succès de cette affaire, m'écrivit aussitôt après en ces termes : « Vous êtes « maintenant blanc comme neige dans l'es- « prit de M. le chancelier. » Voilà, mon- sieur, l'effet de la dénonciation que vous me reprochez, et qui doit vous donner un peu de confusion sur la conduite que vous tenez à mon égard.

—— Je dois pourtant vous dire encore un mot à ce sujet. Quand je reçus la dénonciation, ou le mémoire présenté à M. le chancelier, la première chose que je fis, fut de pardonner à celui qui l'avait faite, et de prier Dieu pour lui : je pris la résolution de m'abstenir de faire aucune recherche pour le connaître, afin de m'épargner les ressentimens qui naissent ordinairement et naturellement dans le cœur contre celui par qui on a été cruellement blessé ; mais je ne sais si, malgré moi, vous ne me faites pas assez connaître l'auteur de ce libelle ; je trouve dans votre replique un style assez semblable à celui de la dénonciation ; je trouve les mêmes faits d'accusation qui étaient dans cette pièce, insérés dans la vôtre avec beaucoup d'autres. On a , dites-vous , des copies de cette dénonciation : rien ne convient mieux à celui qui l'a faite, que d'en avoir gardé quelques copies ; un homme plus précipité que moi jugerait par ces raisons que vous en êtes l'auteur : mais je me contente de le soupçonner, sans fixer mon jugement.

J'ajouterai une chose que vous croirez si

vous voulez ; mais je proteste devant Dieu qu'elle est véritable. Feu M. le cardinal d'Etrées , bon connaisseur et bon Français, comme vous savez, souhaita de moi que je lui fisse voir mon Histoire à mesure qu'on l'imprimerait ; il la lut d'un bout à l'autre, et me dit en me la rendant : « Vous n'avez « rien à craindre pour votre Histoire de la « part de la France. Mais je ne vous réponds « pas des Romains. »

Cela était fondé sur ce que je parlais assez franchement , touchant la conduite de quelques papes , et que, pour l'intérêt de la vérité , je ne taisais pas leurs défauts en disant leurs bonnes qualités, choses que vous me reprochez par rapport à nos rois , et encore sur ce qu'en divers endroits je faisais valoir les véritables libertés de l'église gallicane et du royaume de France contre quelques entreprises des papes ; mais je fus encore tiré d'inquiétude là-dessus quelques mois après , lorsque j'appris par une voie très-sûre , que mon ouvrage était très-bien reçu en ce pays-là, et de telle manière que le pape, quoique je ne le lui eusse pas fait présenter , l'avait

fait mettre dans son antichambre pour oc-
cuper ceux qui attendaient l'audience.

Il résulte de tout cela, monsieur, que j'ai
évité d'être partial ; que je me suis proposé la
vérité pour guide ; que néanmoins, dans les
points délicats que j'avais à traiter, j'ai marché la balance à la main, et avec beaucoup
de circonspection, de sorte que j'ai trouvé le
secret de n'offenser aucun de ceux dont les
intérêts étaient les plus opposés, sans trahir
la vérité, et je vous avoue que plusieurs
personnes d'esprit, soit de la cour, soit de
la robe, soit du nombre des prélats les plus
distingués, m'ayant fait l'éloge de mon Histoire par cet endroit, j'ai eu peine à m'empêcher d'en être agréablement flatté.

Au reste, monsieur, pour revenir à la
dénonciation de mon histoire faite à M. le
chancelier de Pontchartrain, je prie Dieu
qu'il vous pardonne, si vous en êtes l'auteur, comme je vous pardonne moi-même
de tout mon cœur ; mais je ne sais si les honnêtes gens vous le pardonneront, non plus
que le fiel et les autres excès de votre ré-

plique. Je vous assure que je n'en serai pas moins , comme le christianisme l'ordonne, et d'autres raisons m'y engagent,

MONSIEUR ;

> Votre très-humble et très-obéissant serviteur ,
>
> DANIEL D. L. C. de J.

FIN.

TABLE

DES MATIÈRES.

Pag.

FIN DE LA TABLE.